T0247237

EL ARTE DE
INSULTAR

Diseño de colección: Manuel García Pallarés

Editorial EDAF, S. L. U.
Jorge Juan, 68. 28009 Madrid
Tfno. (34) 914358260. http://www.edaf.net
edaf@edaf.net

Ediciones Algaba, S. A. de C. V.
Colonia Belisario Domínguez, calle 21, Poniente 3323. Entre la 33 sur y la 35
sur, Puebla, 72180, México. Tfno.: 52 22 22 11 13 87
jaime.breton@edaf.com.mx

Edaf del Plata, S. A.
Chile, 2222
1227 Buenos Aires, Argentina
Telf: +54114308-5222/+54116784-9516
edafdelplata@gmail.com
fernando.barredo@edaf.com.mx

Edaf Chile, S.A.
Huérfanos 1179 - Oficina 501
Santiago - Chile
comercialedafchile@edafchile.cl
Telf: +56944680539/+56944680597

Abril de 2024
ISBN: 978-84-414-4300-6
Depósito legal: M-3156-2024

Impreso en España / Printed in Spain
Gráficas Cofás. Pol. Ind. Prado Regordoño. Móstoles (Madrid)
Papel 100 % procedente de bosques gestionados de acuerdo con criterios de
sostenibilidad

EL ARTE DE
INSULTAR

Arthur Schopenhauer

Traducción, introducción y notas de Javier Fernández Retenaga
y José Mardomingo Sierra

MADRID — MÉXICO — BUENOS AIRES — SANTIAGO
2024

Índice

EL ARTE DE INSULTAR

Sobre Arthur Schopenhauer

Arthur Schopenhauer (Dánzig, 22 de febrero de 1788-Fráncfort del Meno, 21 de septiembre de 1860) fue un filósofo alemán, reconocido unánimemente como uno de los más brillantes e importantes del siglo XIX en la filosofía occidental, el máximo representante del pesimismo filosófico –sobre todo a partir de 1836 en su obra más tardía–, en contraposición y polémica con los desarrollos y postulados postkantianos de sus coetáneos, y uno de los primeros intelectuales en manifestar su ateísmo.

Gracias al ambiente familiar, de padre comerciante y madre escritora, aficionada a organizar «*soirées*» literarias en la ciudad de Weimar, pudo entrar en contacto desde joven con personalidades de la literatura y la intelectualidad del momento, como Goethe y Wieland, en distintas ciudades europeas por los traslados familiares.

Asimismo, su filosofía, deudora de Platón y Spinoza, está concebida esencialmente como un «pensar hasta el final» kantiano y considerada como puente con la filosofía oriental, en especial con el budismo, el taoísmo y el vedanta, al afirmar principios como el ascetismo y la noción de la apariencia del mundo.

Desde el ámbito filosófico, tuvo gran repercusión, sobre todo durante la segunda mitad del siglo XIX en toda Europa y supone, además, una de las cumbres del idealismo occidental y del pesimismo profundo, que perdura e influye en la obra de escritores y pensadores de los siglos XIX y XX de la literatura y el pensamiento universales: Friedrich Nietzsche, Ludwig Wittgenstein, Erwin Schrödinger, Albert Einstein, Sigmund Freud, Carl Jung, León Tolstoi, Pío Baroja, Miguel de Unamuno, Jorge Luis Borges, Juan Carlos Onetti, Richard Wagner, Franz Kafka, Thomas Mann, Gustav Mahler, Marcel Proust, Arnold Schönberg o Samuel Beckett.

El mundo como voluntad y representación (*Die Welt als Wille und Vorstellung*) –su trabajo más reconocido desde las perspectivas literaria, intelectual y filosófica– constituye una obra maestra de la lengua alemana de todas las épocas, donde el autor presenta un sistema filosófico que comprendía una sola «metafísica» como fundamento único de la realidad. La característica principal de todas las cosas, incluidos los seres humanos, es la «voluntad», la cual es ciega, irracional, absurda y fuente de inmensos sufrimientos en el mundo. Su filosofía culmina con el ideal budista del nirvana, serenidad absoluta, que aniquila la «voluntad de vivir». También recalcó la importancia de la contemplación estética en el arte y la compasión moral como medios de huida del sufrimiento.

Aunque su trabajo no logró atraer una atención sustancial durante su vida, Schopenhauer tuvo un impacto póstumo, sobre todo en las disciplinas de la filosofía, la literatura y la ciencia.

Entre sus obras más conocidas cabe señalar *El mundo como voluntad y representación, Sobre el fundamento de la moral, De la cuádruple raíz del principio de razón suficiente* y su última obra *Parerga y paralipómena*.

Cronología

Arthur Schopenhauer y su tiempo

1787 Los padres de Schopenhauer, Johanna y Heinrich Floris, viajan por Inglaterra. Su madre se da cuenta de que está embarazada y se ven obligados a volver a Alemania en condiciones difíciles.

1788 22 de febrero. Nace Arthur Schopenhauer en la ciudad libre de Dánzig, entonces bajo la tutela de Polonia. El primero de dos hijos (su hermana, Adele, nació nueve años más tarde) de Heinrich Floris y de Johanna Trosiener. Su padre, un próspero hombre de negocios, influyente en la ciudad. Su madre, una mujer inteligente, hija de un consejero, se interesaba por los temas culturales.

1793 La ciudad de Dánzig es anexionada a Prusia y la familia se traslada a Hamburgo. Cuando Arthur tenía nueve años, su padre lo envía a Francia, a la casa de un amigo que tenía un hijo de la misma edad de Arthur. Muestra gran capacidad para los idiomas. Aprendió el francés con tanta perfección que casi olvida el alemán.

1797 Nace su hermana Adele Lavinia. Su padre lo envía a El Havre, a casa de un comerciante, donde aprende a hablar francés con fluidez. «Mi hijo tiene que aprender a leer en el libro del mundo», decía Floris.

1799 Se matricula en la Rungesche Privatschule –escuela de comercio–, donde revela sus grandes aptitudes intelectuales. Viaja con sus padres a Weimar, Praga, Dresde, Leipzig y Berlín.

1803-1804 Largo viaje con sus padres por varios países de Europa: Inglaterra (en Wimbledon asiste varios meses a una escuela para aprender el inglés), Holanda, Francia y Suiza.
«Aprendí a observar y conocer directamente las cosas, no contentarme con referencias o palabras. Las cosas mismas, no sonido de palabras».

1805 Muerte de su padre en circunstancias no aclaradas. Pudo ser un accidente o un suicidio. Aunque es más sostenida la tesis de un suicidio, tirándose por la ventana de un granero al canal, con lo que se puso fin a sus accesos de melancolía.

1806 La madre se traslada a Weimar. Abre un salón literario, muy concurrido y apreciado en el ambiente cultural de la ciudad. Goethe es uno de sus contertulios. Más tarde, Arthur escribiría, resultado de sus conversaciones y discusiones con Goethe, el tratado *De la visión y los colores*. La madre, en esta ciudad, escribió y publicó con éxito varias novelas.

1807-1809 Empieza a estudiar en el instituto de Gotha. Lee *Wilhelm Meister* y *Hamlet*. Al final del año lo expulsan por haber escrito un poema satírico dedicado a uno de sus profesores. Continúa sus estudios en Weimar, pero no vive en casa de su madre, quien siempre le reprocha sus quejas sobre la estupidez y miseria humanas. Se instala en casa del helenista Passow, que le enseña griego, y Lenz lo introduce en la retórica latina. Lee muchos autores clásicos que le ayudan a perfeccionar su estilo. Concibe un amor ardiente hacia la actriz Caroline Jagemann, que termina en un estruendoso fracaso. En 1809 recibe su parte de herencia y se matricula como estudiante de medicina y de historia natural en la Universidad de Gotinga.

1810   Se matricula en la facultad de Filosofía, donde Schulze le orienta hacia Platón y Kant.

1811   Sigue los cursos de Schleiermarcher y de Fichte en la Universidad de Berlín. Sus expectativas se convierten rápidamente en una gran decepción. Los cursos de Fichte le parecen vacíos y aburridos: «Ha dicho cosas que me dan ganas de ponerle una pistola en la garganta».

1813   Tras estudios en las universidades de Gotinga (donde inicialmente se matriculó en la facultad de Medicina) y Berlín, obtiene el título de doctor por la Universidad de Jena. Abandona Berlín a causa de la guerra contra Napoleón: «Mi patria es más grande que Alemania», decía Schopenhauer, justificando su poco interés por el conflicto. Publica su tesis doctoral: *De la cuádruple raíz del principio de razón suficiente*, que, aparte de algún elogio de Schulze y Goethe, no tuvo mayor repercusión: su madre pensaba que era un tratado sobre odontología.

En otoño vuelve a Weimar, donde se inspirará para el ensayo *Sobre la vista y los colores*. Acaba por romper con su madre.

1814   Se instala en Dresde. Comienza la redacción de *El mundo como voluntad y representación*.

1818   Tras recibir una copia, el editor de su madre, Brockhaus, acepta editar el ensayo *El mundo como voluntad y representación*, su obra más ambiciosa, que, sin embargo, no tuvo gran eco entre los lectores.

Publica finalmente, *El mundo como voluntad y representación*.

En otoño de 1818 comienza un viaje por Italia con una carta de recomendación de Goethe para Byron. Escucha en los teatros la música de Rossini, contempla las obras de arte antiguo y toma notas que se acabarán convirtiendo en los suplementos del libro III de *El mundo como voluntad y representación*.

Visita el café Greco, frecuentado por artistas alemanes, con los que no tarda en enfrentarse abiertamente. En Milán se entera de que la casa Muhl, a la que su madre había confiado su dinero y el de sus hijos, ha quebrado. Arthur no acepta la devolución del treinta por ciento del capital, ellas sí.

1820   Tras una estancia en Italia, inicia su carrera como profesor en la Universidad de Berlín. En su primera clase, la *Probevorlesung*, tiene un encuentro con Hegel y no puede terminar su conferencia. Schopenhauer fija el mismo horario para sus clases que el de Hegel. Van cuatro a escucharle y sus clases se suspenden el siguiente semestre por falta de oyentes. Renuncia a la enseñanza.

1822   Segunda estancia en Italia. A su regreso a Alemania, una grave enfermedad lo retiene en un sanatorio en Bad Gastein y después en Dresde. Una vez recuperada la salud, retorna a Berlín.

1824   Se instala en Dresde. Jean-Paul hace una reseña favorable de *El mundo* en *Kleine Nachshule*. La muerte del novelista impide el encuentro con el filósofo. Lo condenan a pagar una pensión a Caroline Marquet, por un incidente que tuvieron ambos.

1825-1831 Vuelve a Berlín, donde de nuevo sus clases no obtienen éxito. Quiere traducir a Kant al inglés, pero fracasa este proyecto como otros anteriores de hacer alguna traducción de Bruno o de Hume. Se declara una epidemia de cólera en Berlín, entre cuyas víctimas se encuentra Hegel. Después de un sueño profético en el que se le aparece un amigo de la infancia muerto a los diez años dándole la bienvenida, Schopenhauer abandona Berlín, con la intención de ir a vivir a Fráncfort, pues es la ciudad alemana con la menor tasa de mortalidad, después de cuya estancia marchará a Mannheim. Durante su estancia en esta ciudad tradujo el *Oráculo manual y arte de la prudencia,* de Baltasar Gracián.

1833-1835 Retorna a Fráncfort, donde fija definitivamente su residencia, tras su estancia en Mannheim. En años sucesivos publica varias de sus obras.

En 1835 aparecen *Sobre la voluntad en la naturaleza* (Unamuno traduciría este libro), *Los dos problemas fundamentales de la ética* y también una nueva edición de *El mundo como voluntad y representación,* con amplios suplementos de extensión casi equivalente a la del texto de la primera edición.

1838 Muere su madre.

1839 Gana el concurso propuesto en 1837 por la Sociedad Real de Ciencias de Noruega, sobre el libre arbitrio, con el escrito *Ensayo sobre el libre arbitrio.*

1840 La Sociedad Real de Copenhague, a pesar de que es el único candidato, no le concede el premio del concurso sobre el origen y el fundamento de la moral.

1841	Publica en la editorial Hermannsche de Fráncfort *Los dos problemas fundamentales de la ética,* que reúne los trabajos presentados a los concursos.
1844	Consigue que Brockhaus publique una segunda edición de *El mundo* aumentada con los suplementos. Ve llegar a sus primeros discípulos: Dorguth, Becker, Von Doss, Frauenstädt, al que Schopenhauer le legará sus manuscritos.
1847	Se reedita *De la cuádruple raíz del principio de razón suficiente.*
1851	*Parerga y paralipómena,* colección de muy diversos temas sobre literatura, música, aforismos sobre «el arte del buen vivir», etc., en excelente estilo literario. Es el libro que, durante su vida, más éxito tuvo entre los lectores y más fama le dio.
1854	Schopenhauer se consagra al magnetismo y hace suyas las teorías de Mesmer. Las muestras de reconocimiento se multiplican.
1858	La Real Academia de Ciencias de Berlín propone a Schopenhauer el título de miembro, que este rechaza.
1859	Tercera edición de *El mundo como voluntad y representación.*
1860	1 de septiembre. Muere en Fráncfort, a los 72 años, tras una breve enfermedad. Enterrado en el cementerio de Fráncfort del Meno, en su tumba solo aparece grabado su nombre.

Introducción

APROXIMACIÓN A LA VIDA
Y A LA OBRA DE SCHOPENHAUER

ARTHUR SCHOPENHAUER nació el 22 de febrero de 1788 en la antigua ciudad hanseática de Dánzig. Su padre, Heinrich Floris, era un rico comerciante conocedor de varios idiomas y poseedor de una gran cultura, hombre de fuerte personalidad y de gustos refinados y cosmopolitas, que decidió llamar a su hijo Arthur porque es un nombre que se dice prácticamente igual en todas las lenguas. La madre del filósofo, Johanna, pertenecía a una ilustre familia de la misma ciudad y era una mujer cultivada que llegó a ser una bien considerada escritora, si bien en exceso preocupada por el lujo y los viajes y por mantener una intensa vida social en permanente contacto con los personajes famosos de la época. Aplicándose a sí mismo una de sus doctrinas, Schopenhauer dirá que su carácter y su temperamento —manifestaciones de la voluntad, la cual se transmite, según él, por vía paterna— eran herencia de su padre, mientras que su inteligencia, una facultad secundaria en opinión de nuestro autor, la debía a su madre. Fuese por esa razón o por alguna otra, lo cierto es que desde su primera juventud Arthur vio que su carácter no congeniaba con el de su madre, lo que más adelante les llevó a suspender todo trato y relación. Acaso sea esa mala relación materno-filial una de las causas de su célebre misoginia y de su asombrosamente bajo concepto de las mujeres.

Cuando Dánzig pasó a depender de Prusia, en 1793, la familia Schopenhauer marchó a Hamburgo, plaza comercial de aún mayor importancia y desde la que Heinrich Floris podía seguir más de cerca sus actividades mercantiles internacionales. Precisamente a continuar esta tarea pensó dedicar a Arthur, preparándolo para que en el futuro le sucediese al frente de los negocios. Con tal fin lo envió en 1797 a El Havre, donde pasó dos años en casa de un socio de su padre. En 1799, y ya con un perfecto dominio del francés, volvió a Hamburgo, donde permaneció cuatro años en una escuela privada orientada a la futura actividad comercial a la que se le destinaba.

A los quince años, sin embargo, el joven Schopenhauer manifestó el deseo de continuar sus estudios en un *Gymnasium* (equivalente alemán a lo que sería entre nosotros un instituto de bachillerato), a lo que su padre se opuso. La mentalidad abierta de este último lo llevó, en lugar de a una prohibición rotunda, a colocar a su hijo ante la siguiente elección: o bien un largo viaje por Europa (el *grand tour* con el que completaban su formación los jóvenes de la aristocracia y la alta burguesía europea), para abrazar a continuación la prevista profesión de comerciante, o bien comenzar inmediatamente el bachillerato. Arthur se decantó por la primera posibilidad, y durante los dos años siguientes (1803-1804) recorrió buena parte de Europa: Francia, Países Bajos, Inglaterra, Suiza, Austria y Alemania. Vemos anunciado aquí uno de los rasgos más sobresalientes —y atractivos— de la personalidad y la obra de Schopenhauer: el cosmopolitismo, la apertura a lenguas, culturas y tradiciones distintas de la propia, en muchos casos un amplio conocimiento de las mismas, y en general el apartamiento de todo nacionalismo político y cultural (cosa rara en un erudito europeo del siglo XIX). No obstante, Schopenhauer era un agudo observador y muchas veces se convirtió en acre censor de las deficiencias de los respectivos caracteres nacionales, a los que dedica algunas de sus más demoledoras invectivas, sin excluir en modo alguno a sus compatriotas alemanes, antes bien, empleando con ellos un especial sarcasmo.

La inesperada muerte de Heinrich Floris en 1805 (parece probable que se suicidase llevado de la melancolía), abrió nuevas perspectivas para los Schopenhauer, también debido a la cuantiosa herencia del acaudalado comerciante. Aunque Arthur continuó dos años más preparándose para el comercio, según lo acordado con su padre, su profunda inclinación por la vida de estudio acabó imponiéndose. En 1807 lo vemos matriculado en el *Gymnasium* de Gotha, pero, tras ser expulsado por escribir una sátira contra uno de sus profesores, al año siguiente se reúne con su madre y su hermana Adele en Weimar, el más importante centro cultural de la Alemania de la época.

Durante los dos años siguientes, Schopenhauer adquiere un perfecto conocimiento de las lenguas latina y griega, y de sus respectivas literaturas, bajo la dirección del helenista Franz Passow, en cuya casa también se aloja debido a las continuas discusiones y en general a las malas relaciones con su madre. Se echa de ver aquí otro de los rasgos propios de su personalidad: lo que podríamos llamar «mal carácter», concretamente su irascibilidad, su intolerancia con lo que creía censurable y su carencia de todo espíritu conciliador y amigable. Esa forma de ser quedará plasmada en sus escritos, pues a menudo lo lleva a perder la objetividad, a no reconocer matices y a sostener posturas dogmáticas. En tales ocasiones, son sus fobias y filias —mucho más numerosas aquellas que estas—, y no una contemplación atenta y serena de la realidad, las que determinan lo que escribe.

Alcanzada en 1809 la mayoría de edad, Schopenhauer puede acceder ya a su porción de la herencia paterna, y por tanto a la independencia económica que, desde ese momento y hasta su muerte, le permitirá despreocuparse por completo de ejercer una profesión remunerada o de la necesidad de allegar ingresos de algún otro modo, y lo colocará en una posición privilegiada para llevar el tipo de vida característico de un erudito independiente, que —libre de los compromisos, normas, cortapisas y dependencias propios de la vida académica o de la condición de escritor que vive de su pluma— nada debe a nadie y por tanto a todos puede atacar. Ello explica en parte, o al menos la posibilitó de hecho, su actitud libérrima y el nulo temor con que se pudo permitir dar rienda suelta a sus críticas a todo el *establishment* académico y cultural de la época.

Ese mismo año de 1809 deja Weimar, donde no había universidad, para matricularse en la de Gotinga, primero en medicina, pero al año siguiente en filosofía. Allí estudia especialmente a Platón, que desde entonces será, junto con Kant, el pensador más estimado por Schopenhauer y uno de los muy pocos de quienes se considera deudor. El centro filosófico de la Alemania de la época radicaba, sin embargo, en la Universidad de Berlín, adonde se dirigió en 1811, atraído especialmente por la fama de Fichte. Sufrió entonces una gran decepción. En los márgenes de los apuntes de clase del joven Schopenhauer pronto pueden leerse observaciones llenas de menosprecio y burla. Así, por ejemplo, ante las palabras de Fichte refiriéndose al «verse del ser como viéndose, para lo cual lo que ve debe volver a verse en el ver», anota Schopenhauer: «Para facilitarle tal prueba de habilidad propondría colocarlo entre dos espejos». Lo arbitrario y dogmático del idealismo fichteano y lo oscuro, retórico y altisonante de su forma de expresarlo en la cátedra y en los escritos, lo repelieron tan profundamente que desde entonces manifestará la más radical oposición —diríase incluso que aversión personal— a la filosofía y en general a la «manera» del llamado «idealismo alemán», la corriente hegemónica durante la juventud y madurez de nuestro autor. Esa crítica llega hasta el paroxismo en sus despiadados y furibundos ataques a la persona y la obra de Hegel y de sus seguidores.

Sin apoyar lo más mínimo el levantamiento de 1813 contra Napoleón, y mostrando su total ausencia de patriotismo —la cual tuvo siempre a gala—, Schopenhauer se retiró ese año a la pequeña ciudad de Rudolstadt, dando por terminada su educación universitaria y enfrascándose en la redacción de su tesis doctoral, *Sobre la cuádruple raíz del principio de razón suficiente*, presentada en Jena y publicada ese mismo año (la madre del filósofo aprovechó el título de la obra para hacerle objeto de una malévola broma, al decir que había creído que la «raíz» ahí mencionada era la de las piezas dentales).

De contenido mucho menos árido y más asequible de lo que el título parece indicar, en esta obra se aprecia ante todo la principal influencia filosófica recibida —y reconocida con admiración— por Schopenhauer, que no es otra que la de Immanuel Kant (1724-1804). Nuestro autor asume la idea central de la gnoseología kantiana, la distinción entre el mundo de los «fenómenos» y el de los «noúmenos». Los primeros, accesibles a nuestros sentidos y de los que, por tanto, puede haber conocimiento científico, no son en realidad externos a nuestro pensamiento, por lo que no nos permiten saber cómo es la realidad en sí misma, sino solo cómo se nos muestra en virtud de la peculiar conformación de nuestras facultades perceptivas e intelectuales. De la realidad externa a nuestro conocimiento, de la denominada «cosa en sí» o «noúmeno», nada sabemos. Sobre ese trasfondo, Schopenhauer desarrolla sistemáticamente los cuatro modos en que nuestro intelecto, en aplicación del «principio de razón suficiente», conecta los fenómenos *a priori* —es decir, sin extraer las reglas de esa conexión del mundo externo, y sin que por tanto sean aplicables a este último tal y como es en sí mismo— para conceptualizar así, respectivamente, las esferas del ser, el conocer, el hacerse de los procesos causales de la naturaleza y el obrar del sujeto.

Ya doctor, vuelve en otoño de 1813 a Weimar, aunque solo por algunos meses. Entonces, debido en parte a la presencia en la casa del amante de su madre, un joven escritorzuelo a quien Schopenhauer no puede soportar, se produce la definitiva ruptura con ella, a la que no volverá a ver. Más agradable debió de ser la oportunidad de conocer a Goethe, quien en principio se mostró afable y condescendiente con el joven filósofo. Durante toda su vida, Schopenhauer mostrará —cosa rara en él— una gran admiración por el autor del *Fausto*. Junto con Homero y Shakespeare fue sin duda uno de sus literatos preferidos. También fue grande su aprecio —en lo que respecta a la literatura española, bien conocida por Schopenhauer, y que leía y citaba, como tenía por norma, en su lengua original— por el refranero castellano, por Cervantes y Calderón (cuya obra *La vida es sueño* bien podría considerarse, por su título y buena parte de su contenido, el equivalente literario de la obra principal de nuestro autor, *El mundo como voluntad y representación*), y mayor aún el que le mereció Baltasar Gracián, a quien tradujo al alemán y del que en alguna ocasión cita páginas enteras.

En esa estancia en Weimar vemos a Schopenhauer trabar contacto con una corriente intelectual cuya influencia en él, verdaderamente grande, se va a hacer notar no solo en puntos concretos de su pensamiento, sino en el tono o atmósfera general de la visión del mundo y de la vida que transmite toda su obra. Nos referimos a la literatura sapiencial de la antigua India, tal y como se recoge especialmente en diversos poemas filosóficos que Schopenhauer conoció y solía citar en las traducciones latinas o a idiomas modernos con que los difundieron en Europa diversos eruditos ingleses, franceses y alemanes.

Uno de ellos, F. Mayer, proporcionó en Weimar a Schopenhauer un primer acceso al mundo cultural hindú, cuyo conocimiento fue ampliando a lo largo de toda su vida, según se puede apreciar en sus obras posteriores. La novedad, apertura de espíritu y audacia intelectual que ello supone, en especial por ser el primer caso en el que un gran pensador occidental se abre a una tradición distinta de la grecorromana y cristiana y se deja influir profundamente por ella, constituye sin duda uno de los mayores atractivos y riquezas de la filosofía de nuestro autor. Es clara la filiación hindú, cuando menos parcial, de doctrinas de Schopenhauer tan novedosas —y hasta escandalosas en la época, por ajenas e incluso contrarias a la tradición cristiana y occidental— como su oposición a las ideas de creación e individuación, la presentación de la negación de la voluntad como ideal supremo o su tesis de que los animales no son esencialmente distintos del hombre.

Entre 1814 y 1818 Schopenhauer reside en Dresde. Desde allí envía a Goethe el manuscrito de su obra *Sobre la vista y los colores*, en la que defendía las tesis al respecto de su admirado poeta e impugnaba las de Newton, a la par que interpretaba y desarrollaba por su cuenta las primeras. El destinatario acogió amablemente, pero sin entusiasmo, la obra de su seguidor, la cual apareció publicada finalmente en 1816.

Pero en los años de Dresde Schopenhauer trabaja sobre todo en la que va a ser, con diferencia, su obra principal o fundamental (con esas mismas palabras solía referirse a ella): *El mundo como voluntad y representación*. Ahí se nos muestra Schopenhauer como un filósofo anticlásico a fuer de irracionalista. El núcleo de la realidad no es la razón, sino la voluntad, y esta es estrictamente incomprensible. El mundo no ha sido creado por una inteligencia externa a él (la idea de una «causa primera» es contradictoria con el principio de causalidad), y por tanto no es inteligible ni ordenado: ya no es «cosmos», sino algo caótico y absurdo.

Según reza su título, en esa obra sostiene Schopenhauer que el mundo tal y como lo percibimos con los sentidos y lo conocemos mediante las ciencias es solo una representación nuestra, no tiene entidad alguna fuera de nuestra mente —en lo que coincide plenamente con el fenómeno kantiano—, si bien afirma que detrás o en el fondo, como raíz, causa o esencia del mundo, está la voluntad, la cual, a diferencia de la «cosa en sí» que subyacía a los fenómenos según Kant, es cognoscible. Dicho conocimiento se obtiene primordialmente gracias al acceso directo que a ella nos brinda nuestro propio cuerpo (el papel que asigna a la corporalidad en el conocimiento, y en general en el conjunto de su filosofía, es una de las aportaciones novedosas de nuestro autor).

Ahora bien, no es fácil saber qué entendía Schopenhauer exactamente por «voluntad», dada la enorme extensión y densidad de significado que asigna a ese término; en cierto modo, podría decirse que equivale a «ser», aunque por su índole dinámica es posible asimilarla de alguna manera a una «fuerza» o «energía» cósmica que todo lo llena y lo explica. En cualquier caso, la «voluntad» es para él lo único «real», el principio interior, nuclear, esencial y único del mundo; todo lo demás —por ejemplo, la existencia de individuos, humanos o no, separados y distintos entre sí— es manifestación de la voluntad, y al margen de eso mera ilusión o apariencia: «Maya», en términos de la sabiduría india. Schopenhauer se siente llamado a descorrer de una vez por todas el velo de Maya, a despertarnos del sueño en el que hemos estado sumidos hasta ahora, mecidos por las religiones y por filosofías erróneas, y a revelarnos la verdadera naturaleza del mundo y la vida.

La voluntad es por completo ciega y brutal, y en todas sus manifestaciones engendra necesariamente insatisfacción y dolor. De ahí el conocido y radical pesimismo de Schopenhauer: para él no cabe adivinar en el mundo ni en la vida del hombre designio o sentido alguno, no se sabe por qué o para qué existimos, y todo lo que la mirada atenta descubre en el mundo es sufrimiento sin finalidad ni justificación. La voluntad, raíz y esencia de todo, está perenne y necesariamente insatisfecha, pues en primer lugar es muy difícil conseguir lo que se ansía, y cuando al cabo los anhelos se ven cumplidos comprobamos que ello va seguido inmediatamente del hastío y el desengaño, y nuevos objetos de deseo aparecen ante nosotros. En la vida de todos los seres, y más aún en la del hombre —pues al manifestarse en él la voluntad en su forma más alta es también mayor el sufrimiento inseparable de la misma—, predomina, y con mucho, el dolor sobre la felicidad y el placer.

Ese sufrimiento es universal y, en el fondo, único. En efecto, dado que toda individuación es aparente, todo dolor es en realidad mi dolor, y al igual que trato de escapar al mío y de aliviarlo haré lo mismo con el ajeno. Y no solo con el de mis congéneres humanos, sino también con el de los animales, pues no en vano Schopenhauer niega que haya una distinción radical o esencial, un abismo ontológico entre el hombre y el resto de los animales, por lo que reclama también para ellos la titularidad de una serie de derechos. La de Schopenhauer es, así pues, una ética de la simpatía —dando a la palabra su sentido etimológico— o la compasión, y para él no hay de hecho ningún otro fundamento de la moral.

De esa oscura y terrible cárcel en la que estamos atrapados por la voluntad —a su juicio, una de las más pesadas cadenas con que nos aherroja es el instinto sexual, por lo fuerte del deseo que conlleva, por la desproporción entre lo que promete y lo que da, y por ser lo que, al perpetuar la especie, mantiene en marcha el grotesco y doloroso espectáculo de la vida humana—, podemos, sin embargo, liberarnos de alguna manera. De entrada, mediante la contemplación de las ideas —objetivaciones directas de la voluntad—, tal y como se expresan en las obras de arte: en la experiencia estética, fin en sí misma y de suyo desinteresada, nuestra avidez queda suspendida temporalmente, por lo que, mientras dura, el conocimiento se ha liberado de la servidumbre del deseo y el hombre de la esclavitud de la voluntad. Dentro de las artes, la música ocupa para Schopenhauer una posición muy privilegiada. A diferencia de todas las demás, en ella no se expresa una idea, sino directamente la voluntad misma. Al abismarnos en la música entramos en contacto con la voluntad, pero en lugar de vernos arrastrados, sometidos a su imperio, la contemplamos desde fuera en todo su trágico poder y belleza, y en cierto modo nos sobreponemos a ella.

Pero por encima de esa liberación estética, parcial y pasajera, se encuentra la liberación ética o ascética, que no se limita a contemplar y de ese modo, por así decir, neutralizar la voluntad, sino que incide directamente sobre ella, a saber, negándola. No hay otro modo de superar o anular el sufrimiento que superar o anular su causa, la voluntad. Mas no la vida, pues la supresión de esta última —es decir, en lo que toca a cada persona, el suicidio— no sería más que un remedio engañoso, ya que en realidad el suicida sigue actuando a impulsos de la voluntad; trata de escapar a ella, pero no la niega. La renuncia a los placeres, el apartamiento y abandono del mundo al modo de los místicos, la castidad, la «santidad» de los ascetas de la India o de los monjes cristianos constituyen por tanto el ideal al que todos deberíamos tender. El sabio y el santo tienen al mundo y a su esencia, la voluntad, en lo que en realidad son: en nada. La metafísica de Schopenhauer presenta, así pues, en su coronación ética, un carácter «nihilista».

Junto a las innegables virtudes de su construcción —altura especulativa, audacia en los planteamientos, sencillez y elegancia en las explicaciones—, esta grandiosa metafísica de la voluntad y el dolor presenta también algunas deficiencias muy claras. Sobre todo —y este es un reproche que acaso pueda hacerse al propio Kant— cuando, vulnerando las reglas que él mismo se había impuesto, trata de saltar por encima de su propia sombra, valga la expresión, y conocer la cosa en sí, a la que identifica con la voluntad de una manera que se nos antoja arbitraria. Por otro lado, ¿es comprensible que la voluntad, de suyo irracional y ciega, por un lado, y cruel y egoísta, por otro, se vaya objetivando en formas cada vez más perfectas, hasta llegar a seres inteligentes capaces de estudiarla y de abrirse a la contemplación desinteresada, a la compasión y al ascetismo? Más aún, ¿cómo, si todo es obra de la voluntad y manifestación suya, también el hombre, puede este volverse contra la fuerza que lo constituye y explica exhaustivamente, llegando a negarla?

En cualquier caso, el vigor y la elegancia con que está expresado hacen su pensamiento muy sugestivo. Junto con Nietzsche, Schopenhauer es probablemente el mejor escritor entre los grandes pensadores alemanes. En enorme contraste con lo oscuro, complicado, abstracto y pesado de las obras de sus contemporáneos, en especial de los hegelianos, Schopenhauer es dueño de un estilo magistral por su claridad, plasticidad y belleza, por lo audaz y directo de sus comparaciones y ejemplos, por el brillo cultural y literario de sus citas de los más variados autores, lenguas y tradiciones y por el acierto con que las trae a colación, por lo demoledor de sus críticas y descalificaciones, y, en suma, por su capacidad de captar la atención del lector y de tocar sus sentimientos hasta conmoverlo. Todo ello da a sus obras en muchas ocasiones tal accesibilidad y capacidad de generar convencimiento y adhesión, no tanto intelectual cuanto «vital», que colocan a su autor en una posición de privilegio entre el resto de los filósofos, haciendo de él, más que el creador de un nuevo sistema filosófico de interés predominantemente teórico y poco apto para influir en la persona y actitud del lector, un maestro sapiencial.

Terminado su libro, Schopenhauer emprendió en septiembre de 1818 lo que era casi una obligación para los pensadores, literatos y artistas europeos de la época, especialmente para los alemanes: un largo viaje por Italia. Sin embargo, en esta ocasión tuvo que interrumpirlo al tener noticia de la quiebra de la casa comercial en la que estaba invertida parte de su capital y la totalidad del de su madre y su hermana. Desde Milán volvió a Dresde, donde permaneció hasta abril de 1820, ocupado entre otras cosas en salvar lo salvable de su fortuna; su negativa a conformarse con una compensación parcial se reveló como acertada, pues dos años más tarde pudo recuperar su capital más los intereses, mientras que su madre y su hermana, más acomodaticias —si bien su orgullo les impidió aceptar el reparto que les ofreció generosamente nuestro autor—, salieron peor paradas.

La primera edición de *El mundo como voluntad y representación* apareció en 1819. Para Schopenhauer no pudo ser más mortificante el contraste entre sus propias pretensiones sobre el mérito de la obra y la casi nula repercusión que esta tuvo. Mientras que él estaba convencido de haber descubierto la verdadera esencia del mundo y haber desentrañado por fin los más graves enigmas de la vida, las ventas del libro fueron muy exiguas y nuestro autor siguió siendo un perfecto desconocido para el gran público. El tono de las cartas que Schopenhauer escribió al editor —la última de ellas exigiendo sin más dilación el pago de sus honorarios— le llevó a este a decir que el autor parecía más un cochero que un filósofo.

Su decepción como autor no le impidió, sin embargo, intentar desplegar como profesor la ansiada influencia y gozar del prestigio al que se consideraba acreedor. No era Schopenhauer persona tímida o que rehuyese el enfrentamiento, en especial cuando se trataba de oponerse a su auténtica «bestia negra»: Hegel y la filosofía de corte idealista. Se lanza así a la empresa de conquistar nada menos que el bastión central de Hegel y su prestigio, la entonces floreciente Universidad de Berlín, adonde se traslada en 1820 con la intención de retar y vencer a Hegel en el terreno en el que mayor era su hegemonía: como profesor universitario. Para ello, en un rasgo que lo retrata, Schopenhauer puso sus clases —como *Privatdozent*, esto es, sin sueldo— a la misma hora que las de su mayor enemigo. El fracaso fue estrepitoso: el auditorio que consiguió atraer a sus lecciones se compuso exactamente de cuatro alumnos, que además no eran estudiantes regulares. Terminado ese primer y último semestre del Schopenhauer profesor, nuestro filósofo siguió anunciando su curso durante varios años en la lista de lecciones de la universidad, pero no volvió a impartirlo.

A tan grandes fracasos —como autor y como profesor—, en lo que se refiere al reconocimiento ajeno y a la influencia pública, hemos de atribuir seguramente, en buena medida, el enorme desprecio del que Schopenhauer hizo gala hacia el público alemán en general, hacia los profesores, eruditos, recensores y editores de revistas especializadas en particular, y muy especialmente hacia los catedráticos de filosofía y los filósofos —hegelianos en su mayor parte—, que, a diferencia de él, habían logrado fama y prestigio, tenían alumnos y seguidores e influían en la vida cultural de la época. Es muy probable que la monumental, obsesiva y poco menos que patológica inquina de Schopenhauer hacia todos ellos obedeciera a una apreciación sincera —por inevitablemente subjetiva que fuese— de la diferencia de valía que existía a sus ojos entre su propia obra filosófica y la de sus oponentes, y a un afán más o menos justificado de fustigar el dogmatismo, el espíritu acomodaticio, la petulancia, la cortedad de miras y la falta de juicio que en su opinión caracterizaba a sus contemporáneos, pero sin duda también se debía al orgullo herido y al resentimiento de quien, como el propio Schopenhauer dijo de modo expreso repetidas veces, no creía que la modestia fuese una virtud, se tenía a sí mismo por uno de los mayores pensadores de la historia y deseaba el aplauso ajeno con mayor intensidad de la por él mismo considerada razonable. No obstante, en su favor hay que decir que, por mucho que anhelase el éxito, en ningún momento trató de lograrlo acomodando sus doctrinas a las entonces imperantes, sino que siempre dijo lo que pensaba con total sinceridad, sin temor a ir contra corriente y sin doblegarse jamás.

En 1821 —pese a todo nuestro filósofo permaneció en Berlín— se sitúa un incidente que arroja mucha luz sobre su carácter intolerante e irascible. Schopenhauer, que odiaba el ruido (escribió incluso acerca del particular un breve y singular ensayo, publicado en 1851), molesto por el que hacían tres mujeres que estaban hablando en la escalera de su casa, les exigió que se fue-

EL ARTE DE INSULTAR

sen; una de ellas, la costurera Caroline Marquet, se negó, y en el curso de la subsiguiente y airada discusión nuestro autor la empujó, de tal manera que la obstinada parlanchina cayó rodando por las escaleras. La costurera lo denunció, y comenzó así una larga serie de enojosos procesos judiciales, en diversas instancias, cuyo resultado final fue la condena a Schopenhauer a pasar a la mujer una pensión mensual vitalicia como indemnización por las lesiones sufridas. A la muerte de la señora Marquet, en 1841, Schopenhauer expresó su alivio en un dístico latino que ideó a tal efecto y en el que se aprecia todo el brillo malévolo de su inteligencia y de su estilo: *obit anus, abit onus* («muerta la vieja, se acabó la carga»).

En mayo de 1822 nuestro autor emprendió un segundo y largo viaje por Italia, deteniéndose especialmente en Florencia. Aunque sus apreciaciones sobre el modo de vida meridional distan de ser elogiosas, es claro que la contemplación directa de los tesoros artísticos de la Antigüedad y el Renacimiento debió de consolar su espíritu de las decepciones y problemas que le acosaban durante esos años.

Tras sufrir varias enfermedades, que lo retienen en Múnich durante 1823, y después de una nueva estancia en Dresde en 1824, Schopenhauer regresa en 1825 a Berlín, donde permanecerá hasta 1831. Durante esos años parece que en algún momento pensó en casarse, pero no llevó a efecto tales planes. A decir verdad, resulta difícil imaginarlo en el papel de esposo y padre de familia. De hecho, es muy probable que nuestro autor hubiese asentido a la afirmación de Nietzsche de que «un filósofo casado es un personaje de comedia», y en cualquier caso Schopenhauer engrosó la lista de los grandes pensadores que permanecieron célibes.

Otro proyecto fallido de esa época berlinesa fue la traducción al alemán de dos obras de Hume sobre filosofía de la religión, de algunos textos de Goethe al francés y de las principales obras de Kant al inglés. Finalmente, no encontró apoyo editorial para esos trabajos, cosa que Schopenhauer lamentó particularmente en el caso de la traducción de las obras kantianas: declaró que, de no hacerlo él, pasarían cien años antes de que en la misma cabeza se reuniese un conocimiento tan perfecto de la filosofía de Kant y de la lengua inglesa como en la suya. Aunque tampoco encontró editor y solo se publicó tras su muerte, Schopenhauer sí que llevó a cabo la traducción al alemán del *Oráculo manual* de Gracián (un autor que, en buena parte a causa de la gran admiración que le profesaron Schopenhauer y Nietzsche, es probablemente más conocido y estimado en Alemania que en nuestro país).

En 1831 se declaró una terrible epidemia de cólera en Berlín, a la que entre otros muchos berlineses sucumbió también Hegel. Acaso para evitar la ironía de morir de la misma forma y a la vez que su peor enemigo, movido —según algunos— por un sueño, o tras estudiar —según otros— las estadísticas de morbilidad de las principales ciudades alemanas, Schopenhauer decidió abandonar esa ciudad con rumbo a Fráncfort del Meno, donde, tras una corta estancia en Mannheim, se estableció definitivamente en 1833. Desde entonces, y hasta su muerte en 1860, nuestro filósofo apenas se movió de la ciudad con la que más se lo relaciona y donde también yace enterrado.

La «ciudad libre» de Fráncfort, gobernada por un opulento patriciado, era una plaza comercial de primer rango que mantenía intensas relaciones económicas y de todo tipo con las principales ciudades europeas. Aunque Schopenhauer llevó allí, al igual que en Berlín, una vida retirada, esto no implica que abandonase sus aficiones e intereses cosmopolitas, sino que permaneció atento y siempre al día de la vida cultural y científica de la época, sobre todo mediante la lectura de periódicos —gustaba especialmente del *Times*—, revistas eruditas y libros en varias lenguas.

Su modo de vida era ciertamente metódico y —cabe suponer— plácido. El estudio llenaba la mayor parte de sus horas, entendiendo por este la propia meditación sobre cuestiones filosóficas más que la lectura y la escritura, pues pensaba que la excesiva lectura inhibe el pensamiento, y, por otra parte, se ufanaba —justificadamente, pues las obras publicadas por él se pueden recoger en cinco volúmenes no muy gruesos— de haber escrito relativamente poco: decía que, a diferencia de otros autores, él solo escribía cuando tenía algo que decir. Pero también encontraba tiempo para pasear diariamente con su perro —un animal por el que siempre mostró predilección, llegando a decir que, por su sinceridad, su trato era preferible al de la mayor parte de las personas— y para asistir con frecuencia a representaciones teatrales y a conciertos.

Estamos ante la cómoda existencia de un buen burgués que vive de sus rentas —sabiamente administradas— sin necesidad de trabajar, es amante de la ley y el orden y espera del Estado y la policía que protejan su tranquilidad de todo lo que pudiese perturbarla. A pesar de la compasión por el sufrimiento ajeno a la que tan a menudo se refiere y que él mismo debía de sentir, nunca parece haber movido un dedo para paliarlo en alguna medida. La excusa la encontró seguramente en su radical y desmesurado pesimismo, según el cual este mundo es «el peor de los posibles», todo va a peor y nada puede hacerse para cambiarlo. Una vida, la suya, también aislada y solitaria, pues no se sabe que tuviese ningún amigo íntimo (su carácter fuerte y atrabiliario, y su actitud despreciativa y desconfiada hacia el ser humano en general, no eran los rasgos más idóneos para inclinarlo a la amistad).

El libro *Sobre la voluntad en la naturaleza* —donde ilustra con infinidad de ejemplos la confirmación que en su opinión brindan las ciencias empíricas a su doctrina filosófica— apareció en 1836, pero ni en esta obra ni en todas las siguientes encontramos novedad esencial alguna respecto de las doctrinas de *El mundo como voluntad y representación*: ideó su sistema filosófico de una pieza antes de cumplir los treinta años y durante toda su vida lo mantuvo sin otros cambios que adiciones a las tesis básicas y aclaraciones de las mismas.

Tres años después, Schopenhauer ganó un premio convocado por una sociedad erudita noruega con un breve tratado titulado *Sobre la libertad de la voluntad humana*, en el que defiende que, dado que somos como somos —esto es, dado que tenemos precisamente el carácter que tenemos—, no podemos querer de otra manera que como queremos: carecemos por tanto de libertad en sentido propio. Quizá animado por ese reconocimiento externo, el primero que obtenía, participó en otro concurso de escritos filosóficos, en esta ocasión convocado por la Real Academia Danesa de las Ciencias sobre el tema del fundamento de la ética. Aunque no se presentó nadie más, dicha academia declaró desierto el certamen, arguyendo, entre otras cosas, que en su escrito Schopenhauer había faltado al respeto a los «altísimos filósofos» de la época (Hegel y sus seguidores); en él, nuestro autor expone y comenta la ética de Kant, para concluir que la única base de la moral es la compasión por el sufrimiento de los demás (que, para Schopenhauer, solo aparentemente es de los «demás», y en realidad es uno solo en todo el cosmos). Dos años después, en 1841, publicó ambos tratados, breves y ágiles, bajo el título común de *Los dos problemas fundamentales de la ética*.

En 1844 apareció una segunda edición de *El mundo como voluntad y representación*, en la que —en forma de un tomo de suplementos, más extenso incluso que la propia obra original— Schopenhauer recogió el fruto de veinticinco años de meditación sobre los temas tratados en la misma. Sin embargo, al igual que sucediera con la primera, también esta edición pasó poco menos que inadvertida.

La calma externa de que disfrutaba se vio turbada por la revolución democrático-burguesa de 1848, cuyos centros en Alemania fueron Berlín y especialmente Fráncfort. Schopenhauer no mostró simpatía por ninguna de las reivindicaciones entonces defendidas: el nacionalismo panalemán le era totalmente ajeno, también las aspiraciones democráticas —derechos políticos plenos para la burguesía y demolición de lo que quedaba del Antiguo Régimen— y más aún las vagamente socializantes. Schopenhauer se alegró de que la revuelta fuese rápidamente sofocada por el ejército; tanto es así que en su testamento de 1852 destinó buena parte de su herencia a los soldados heridos en las luchas callejeras mantenidas en Berlín. Sorprende el contraste entre lo radicalmente innovador y «revolucionario» de muchas de sus tesis, que ponen en cuestión elementos filosóficos esenciales de la cultura occidental, con su actitud temerosa, conservadora y reaccionaria frente a los cambios político-sociales de la época que le tocó vivir.

Curiosamente, sin embargo, será la modificación de la actitud general subsiguiente a la revolución de 1848, por más que esta fracasara como tal, lo que permitirá el reconocimiento y la relativa fama de que —por fin— gozará nuestro filósofo en el último decenio de su vida. Ya olvidados el optimismo generalizado y la fe en el progreso que dominaron Europa entre 1815 y 1848 —teorizados por el idealismo absoluto de Hegel y que fueron el ambiente vital e intelectual en que trató de abrirse paso, con tan poco éxito como hemos visto, la visión del mundo mucho más trágica y oscura de Schopenhauer—, el pesimismo y el desengaño de buena parte del público culto alemán por el fracaso de los ideales de unificación nacional y de democracia favorecía la lectura de unas obras que declaraban el mundo y la vida como una broma cruel y carente de sentido.

En 1851 Schopenhauer publicó en dos tomos, con el título conjunto de *Parerga y paralipómena* —esto es, aproximadamente, «aditamentos y suplementos»—, una vasta colección de pensamientos y ensayos breves sobre los más variados asuntos. Como su autor mismo admite, no añaden nada sustancial a las ideas expuestas más de treinta años atrás en su obra principal, y —esto ya no lo reconoce— son frecuentes las repeticiones, pero el fuerte de esta obra sui géneris es que desde la visión del mundo expuesta en aquella otra presenta ahora religiones, filosofías, costumbres, ideas, personas, grupos sociales, naciones, sexos (concretamente, el femenino), etc., y en general el mundo y la existencia del ser humano, a una luz en la que aparecen en su aspecto más grotesco, desgraciado y miserable, con una carga crítica y un pesimismo sin igual en la historia del pensamiento y la literatura. De lectura casi siempre muy amena, pues en ella brilla con luz propia el estilo claro, agilísimo e incisivo de nuestro autor, y a pesar de que al principio su publicación fue rechazada por hasta tres editores, resultó ser esta su obra más difundida, también entre el público no especializado, y la que hizo de él el «educador» —para decirlo con Nietzsche— de muchos lectores de su época y de las posteriores.

Debido, por tanto, a que el ambiente general ahora sí le era propicio y a la mejor difusión de *Parerga y paralipómena*, Schopenhauer recibió por fin diversas muestras de reconocimiento por su obra: artículos sobre él en revistas extranjeras, lecciones acerca de su filosofía en varias universidades alemanas, la convocatoria de un premio a la mejor exposición y crítica de su pensamiento, envíos de libros por sus autores y especialmente la aparición de un grupo de seguidores o admiradores que le escribían o lo visitaban para recibir sus enseñanzas, o que sencillamente reconocían de modo explícito su patronazgo intelectual. El más conocido entre ellos fue el compositor Richard Wagner; entre los corresponsales, visitantes y seguidores de Schopenhauer se contaban Julius Frauenstädt, editor de sus obras completas, Wilhelm Gwinner, que sería su primer biógrafo, el filósofo Eduard von Hartmann y el orientalista Paul Deussen, quien en 1911 fundaría en la ciudad de Kiel la Sociedad Schopenhaueriana, que hoy en día tiene su sede en Fráncfort del Meno.

Además, muchos lectores y admiradores viajaban a Fráncfort desde diversos puntos de Europa para conocer personalmente a nuestro filósofo y escucharlo en largas conversaciones, o más bien monólogos, en los que la exposición oral de sus pensamientos nada tenía que envidiar a la escrita en lo tocante a ingenio, brillo, inteligencia e interés. Testimonios poco menos que de veneración, como dedicarle poemas, hacerle regalos o besar su mano no fueron infrecuentes, y Schopenhauer posó para varios retratos al óleo y un busto de mármol, que, junto con diversos daguerrotipos (es uno de los primeros grandes pensadores de cuya fisonomía tenemos un testimonio fotográfico) dieron a conocer por todas partes también su aspecto externo —ciertamente impresionante, pero poco amable— y hoy nos permiten saber cómo era por fuera el filósofo del pesimismo.

El 21 de septiembre de 1860 una afección pulmonar puso fin a su vida. Aunque la enfermedad ya se había manifestado meses atrás, su desenlace fue repentino: el médico que lo visitaba en su casa encontró que había fallecido, al parecer plácidamente, la noche anterior.

NUESTRA SELECCIÓN

A fe mía que no habría consentido en enumerar los pecados de aquellos pecadores si no fuera porque debía hacerlo, porque a ello me obliga el interés de la verdad sobre la tierra...

Naturaleza, p. 316

El libro que el lector tiene en sus manos no es una teoría de la invectiva ni un método para la práctica del insulto, sino una muestra del ejercicio de lo que podríamos llamar «arte de insultar» en la pluma de uno de sus más consumados maestros: Arthur Schopenhauer. Bajo este título genérico hemos recogido no solo insultos propiamente dichos, sino también una amplia selección de las numerosísimas críticas, censuras, reprobaciones, amonestaciones, reconvenciones, etc., que pueden encontrarse en las obras del pensador alemán. El conocido mal carácter de Schopenhauer lo llevaba a expresarlas con particular vehemencia, de ahí que merezcan aparecer en la presente antología.

Dada la abundancia de textos tan certeros y chispeantes en su formulación como maliciosamente inteligentes por la carga ofensiva de su contenido que ofrecen las obras de Schopenhauer, en especial los dos tomos de *Parerga y paralipómena*, no ha sido tarea fácil seleccionar unos y dejar otros muchos, de no menor interés, que han tenido que quedar fuera únicamente por razones de espacio. Aunque, por ello, «no están todos los que son», esperamos que en los textos aquí recogidos el lector pueda apreciar el alarde de estilo e inteligencia —aplicada a la descalificación más airada e inmisericorde, y acaso no siempre justa, de todo lo divino y lo humano— del que seguramente es el menos optimista de los grandes pensadores.

Su radical pesimismo puede que, sin embargo, no deje de producir —o, quizá, incluso lo persiga— un efecto catártico o purificador que termine llevándonos a adoptar una actitud intelectual y, sobre todo, vital en la que, en paradoja solo aparente, la desesperación vaya de la mano de una bondad tanto más honda cuanto más duras han sido las pruebas a las que se la ha sometido. Una actitud semejante, por tanto, a la que uno de nuestros pensadores y literatos de talante más schopenhaueriano, Ángel Ganivet, atribuía con estas palabras a su criatura novelesca o, más bien, *alter ego* espiritual, el tan pesimista y despreciativo como —nótese el contraste— «infatigable creador» Pío Cid: «Una de las más notables cualidades de Pío Cid era el saber distinguir al primer golpe de vista el lado bueno de las cosas; su pesimismo era tan hondo, que le obligaba a buscar un agarradero por donde cogerlas; y así, despreciándolas todas por malas, sabía amarlas todas por lo poco bueno que tuvieran»[1]. No en vano, y aunque el tema elegido para la presente antología obligaba a dejarla fuera por principio, la compasión es una de las nociones clave del pensamiento schopenhaueriano, a la que aspira a conducir el implacable análisis y descripción a que nuestro autor somete —sin retroceder ante el insulto más mordaz— las miserias, no escasas ni de poca monta, que caracterizan nuestra condición y la del mundo.

No se nos escapa que, como el propio Schopenhauer advierte, «un pasaje característico, lleno de fuerza y cargado de significación, casi nunca se puede traducir de una lengua a otra de tal

---

[1] Ángel Ganivet, *Los trabajos del infatigable creador Pío Cid*, Aguilar, Madrid, 1987, p. 18. Más adelante, en aplicación directa de ese principio —y con una formulación que en parte diríase tomada, tal es su similitud con él, de uno de los textos de Schopenhauer aquí recogidos—, Gavinet hace decir a su personaje: «Yo tengo miedo a conocer caras nuevas, porque creo que los hombres somos más bien malos que buenos, y más bien tontos que discretos; mas puesto en el trance de conocer a alguien, le tomo por inmejorable y discretísimo, y me encariño enseguida con él, y le trato con intimidad si comprendo que puedo serle útil» (*ibidem*, p. 175).

manera que produzca exactamente el mismo efecto»[22]. Sírvanos lo generalizado y poco menos que inevitable de esa dificultad —especialmente grande cuando, como sucede aquí, los textos originales son un prodigio de incisividad y rebosan, en perfecta adecuación a su finalidad denigratoria, de la ironía más mordaz, y muchas veces también de fuerza cómica inimitable y difícilmente transmisible a otro idioma— para excusar los casos en que no la hayamos superado con el éxito que cabría desear.

Al tratarse de una selección de textos extraídos de obras de carácter diverso, y a fin de que estos se adaptaran a la forma que requiere un libro de este tipo, nos hemos permitido algún pulimento sintáctico mínimo —sin alterar en nada el sentido de las palabras del autor— que hiciese menos traumática la operación de «sacar de contexto», inevitable en toda antología, y plenamente comprensible para el lector cada texto así aislado.

Los títulos que preceden a cada entrada, y que hemos dispuesto por orden alfabético, son nuestros. Con ellos no hemos tratado de comentar el texto correspondiente, y menos de interpretarlo, pero sí de aludir al contexto del que está tomado, y de esa manera llamar la atención del lector sobre su idea principal y facilitar así la perfecta comprensión del pasaje. Asimismo, de modo ocasional, hemos introducido en el propio texto ciertas explicaciones muy sumarias, valiéndonos para ello de corchetes. Las hemos insertado de esta forma, y no —como hemos hecho en otros casos muy excepcionales— en nota a pie de página, siempre que no se tratara de explicaciones adicionales, accesorias, sino de aclaraciones que nos han parecido imprescindibles para la comprensión del texto en cuestión.

---

[2] *Paralipómena*, § 299, p. 667. Véanse en el lugar correspondiente de esta selección otras «finezas» que Schopenhauer dirige a los traductores.

EDICIÓN Y ABREVIATURAS UTILIZADAS

La referencia de los textos traducidos remite, en todos los casos, a la edición alemana de las obras completas de Schopenhauer publicada por la editorial Suhrkamp[3]. Detrás de cada texto se consignará, mediante las abreviaturas que se detallan a continuación, el título de la obra a que corresponde[4], el tomo de la edición utilizada y la página.

El mundo: *El mundo como voluntad y representación* (*Die Welt als Wille und Vorstellung*, 1819 y 1844). De los dos volúmenes en que el propio Schopenhauer dividió esta obra; el primero constituye el tomo I de la edición Suhrkamp y el segundo, el tomo II de la misma.

Raíz: *Sobre la cuádruple raíz del principio de razón suficiente* (*Über die vierfache Wurzel des Satzes vom zureichenden Grunde*, 1814), t. III de la edición de obras completas utilizada.

---

[3] *Sämtliche Werke,* textkritisch bearbeitet und herausgegeben von Wolfgang Frhr. von Löhneysen, Suhrkamp, Frankfurt am Main, 1994, 5 vv. Su texto y paginación y sus notas críticas —muy útiles estas últimas para comprender los términos y citas en lenguas distintas del alemán de los que se suele valer Schopenhauer y para aclarar numerosos datos y referencias eruditas de las que también gusta mucho nuestro autor, por lo que con frecuencia las hemos incorporado a nuestra traducción— son idénticos a los de la edición Cotta-Insel, Stuttgart/Frankfurt am Main, 1960 y ss.

[4] En el caso de los *Parerga*, y como es habitual, indicamos el título de sus divisiones internas.

Colores:	*Sobre la vista y los colores* (*Über das Sehn und die Farben*, 1816), t. III.
Naturaleza:	*Sobre la voluntad en la naturaleza* (*Über den Willen in der Natur*, 1836), t. III.
Ética:	*Los dos problemas fundamentales de la ética* (*Die beiden Grundprobleme der Ethik*, 1841: reunión de las obras *Über die Freiheit des menschlichen Willens*, 1839 y *Über das Fundament der Moral*, 1840), t. III.
Parerga y paralipómena (1851)	*Parerga* (t. IV)
Bosquejo:	*Bosquejo de una historia de la doctrina de lo ideal y lo real* (*Skizze einer Geschichte der Lehre vom Idealen und Realen*).
Fragmentos:	*Fragmentos en torno a la historia de la filosofía* (*Fragmente zur Geschichte der Philosophie*).
Universidad:	*Sobre la filosofía universitaria* (*Über die Universitäts-Philosophie*).
Ensayo:	*Ensayo sobre la visión de espíritus y lo relacionado con ella* (*Versuch über das Geistersehn und was damit zusammenhängt*).
Aforismos:	*Aforismos sobre la sabiduría de la vida* (*Aphorismen zur Lebensweisheit*).
Paralipómena:	*Paralipomena*, t. V.

Bibliografía

A) Principales obras de Schopenhauer en español

- *De la cuádruple raíz del principio de razón suficiente*, trad. y prólogo de L. E. Palacios, Gredos, Barcelona, 2006.
- *Sobre la cuádruple raiz del principio de raiz suficiente*, trad. e introducción de Pilar López de Santa María, Alianza Editorial, Madrid, 2019.
- *El mundo como voluntad y representación*, trad., introducción y notas de Pilar López de Santa María, Trotta, Madrid, 2022.
- *El mundo como voluntad y representación*, trad., introducción y notas de Roberto R. Aramayo, Alianza Editorial, Madrid, 2023.
- *Sobre la voluntad en la naturaleza*, trad. de Miguel de Unamuno, prólogo de Santiago González Noriega, Alianza Editorial, Madrid, 2012.
- *Los dos problemas fundamentales de la ética* [consta de las obras *Sobre la libertad de la voluntad humana* y *Sobre el fundamento de la moral*], trad. e introducción de P. López de Santamaría, Siglo XXI, Madrid, 2010.
- *Parerga y Paralipómena*, edición de José Rafael Hernández Arias, trad. de José Rafael Hernández Arias, Luis Fernando Moreno Claros y Agustín Izquierdo, Valdemar, Madrid, 2021.
- *Parerga y Paralipómena*, trad., introducción y notas de Pilar López de Santa María, Trotta, Madrid, 2023.

- De *Parerga y paralipómena* existen en nuestro idioma, además, diversas traducciones parciales o selecciones, entre otras las siguientes:

  - *Aforismos sobre el arte de saber vivir*, trad., prólogo y notas de L. F. Moreno Claros, Valdemar, Madrid, 2012.
  - *Los designios del destino*, estudio preliminar, trad. y notas de R. Rodríguez Aramayo, Tecnos, Madrid, 2008.
  - *El dolor del mundo y el consuelo de la religión*, trad. y notas de D. Sánchez Meca, Aldebarán, Madrid, 1998.
  - *Ensayo sobre las visiones de fantasmas*, trad. de A. Izquierdo, Valdemar, Madrid, 1998.
  - *Sobre la filosofía de la universidad*, trad. y presentación de M. Rodríguez, Tecnos, Madrid, 1991.

De los escritos de Schopenhauer contenidos en su legado póstumo han aparecido, entre otras, las siguientes traducciones al español:

- *Metafísica de las costumbres*, ed. de Roberto R. Aramayo, Trotta, Madrid, 2001.
- *El arte de tener razón expuesto en 38 estratagemas: dialéctica erística*, trad. y comentario de Dionisio Garzón, Edaf, Madrid, 2011.

También hay en español otras selecciones o antologías de textos varios de Schopenhauer, entre ellas las siguientes:

- *Antología*, trad. de A. I. Rábade Obradó, Península, Barcelona, 1989.
- *La lectura, los libros y otros ensayos*, prólogo de A. Izquierdo, trad. de E. González Blanco y M. Urquiola, Edaf, Madrid, 2007.

- *El amor, las mujeres y la muerte*, prólogo de D. Castrillo y trad. de M. Urquiola, Edaf, Madrid, 1997.
- *Parábolas, aforismos y comparaciones*, trad. de A. Sánchez Pascual, Círculo de Lectores, Barcelona, 1999

b) Algunos estudios sobre la vida y la obra de Schopenhauer

GARDINER, P., *Schopenhauer*, FCE, Madrid, 1975.

MACEIRAS, M., *Schopenhauer y Kierkegaard. Sentimiento y pasión*, Ediciones Pedagógicas, Madrid, 1996.

MORENO CLAROS, LUIS FERNANDO, *Schopenhauer. Una biografía*, Trotta, Madrid, 2014.

MORENO CLAROS, LUIS FERNANDO, *Introducción a Schopenhauer*, Gredos, Madrid, 2023.

RÁBADE OBRADÓ, A. I., *Conciencia y dolor. Schopenhauer y la crisis de la modernidad*, Trotta, Madrid, 2013.

SAFRANSKI, RÜDIGER, *Schopenhauer y los años salvajes de la filosofía*, Planeta, Barcelona, 2008

EL ARTE DE
INSULTAR

~Aburrimiento~

Sabido es que los males se soportan mejor en compañía. Parece que la gente cuenta entre ellos el aburrimiento, por eso se juntan unos con otros para aburrirse en común.

Aforismos, p. 504

~Academia Danesa de las Ciencias~

Si la finalidad de las academias consistiera en reprimir la verdad, en enterrar por todos los medios la inteligencia y el talento y en sostener decididamente la fama de los charlatanes y vendedores de humo, en tal caso nuestra Academia Danesa habría cumplido su cometido a la perfección [al negarle a Schopenhauer la concesión del premio][1].

Ética, p. 514

Para corresponder a las amonestaciones de la Academia Danesa, voy a obsequiarles con un poema de Goethe para que lo incluyan en su Libro de Oro:

> Lo malo puedes siempre elogiar,
> ¡de inmediato tendrás tu recompensa!
> Nadas ahí arriba en tu cloaca
> y eres el santo patrón de los mamarrachos.

---

[1] En 1837 Schopenhauer presentó el ensayo *Sobre el fundamento de la moral* al concurso convocado por la Real Academia Danesa de las Ciencias. Pese a ser la única obra recibida, se le denegó el premio. Una de las razones aducidas por la Academia, tal y como se expresa al final de su dictamen, es la siguiente: «Tampoco podemos dejar de señalar que las alusiones a varios altísimos filósofos [*summos philosophos*, en el original] de nuestro tiempo son tan impertinentes, que merecen una justa y severa reprobación». (*Nota de los traductores.*)

¿Censurar lo bueno? ¡Haz la prueba!
Es posible, si tienes tal descaro.
Mas cuando se advierta, en el barro
te patearán, como mereces.

[*Zahme Xenien*, 5, versos 1315-1322]
Ética, p. 516

~Academias~

Hay academias que convocan sus concursos con la condición tácita de que obtendrá el premio quien mejor sepa halagar sus oídos.

Paralipómena, § 174, p. 415

~Actividades humanas~

Si tras contemplar el curso del mundo a gran escala y, sobre todo, la vertiginosa sucesión de las generaciones y su efímera y ficticia existencia, dirigimos nuestra atención a la *vida humana en todos sus detalles*, tal y como la presenta por ejemplo la comedia, la impresión que esa vida produce es comparable al espectáculo que nos ofrecen, observados a través de un microscopio solar, una gota de agua repleta de infusorios o un montoncito de ácaros, de otra manera invisibles: su afanosa actividad y continua disputa nos hacen reír. Pues al igual que aquí al observar un espacio reducido, también allí, si concentramos nuestra atención en un breve periodo de tiempo, las actividades más importantes y serias nos resultan cómicas.

Paralipómena, § 147, p. 342

~Adán y Jehová~

La raza europea se ha ido haciendo blanca a causa del clima de las zonas templada y fría. (...) Por ello, debemos pensar que el Adán de nuestra raza era negro, y es ridículo que los pintores representen a este primer hombre como blanco, con el color surgido de su pérdida de pigmentación; además, dado que Jehová lo creó a su imagen y semejanza, en las obras de arte se debe representar también a este último negro, si bien se le puede dejar la tradicional barba blanca, ya que no todos los negros son lampiños, sino solo los de raza etíope.

Paralipómena, § 92, p. 187 y s.

~Afinidad con lo malo~

Parece que sobre el género bípedo pende una maldición en virtud de la cual, por su afinidad con todo lo torcido y malo, incluso en las obras de los grandes hombres es precisamente lo peor, los errores, lo que más gusta. Los admira y elogia, mientras que lo realmente digno de elogio, simplemente lo tolera.

Raíz, p. 145

~Alemanes~

Para los alemanes es incluso bueno que las palabras sean algo largas, pues como son tardos de pensamiento, así disponen de tiempo para reflexionar.

El mundo, II, p. 163

¿Debo acaso deshacerme en elogios hacia los alemanes y lo alemán, como un buen patriota, y alegrarme de pertenecer a esta nación y no a otra? Es como dice el refrán español: «Cada uno cuenta de la feria como le va en ella»[2]. ¡Arrimaos a los aduladores y dejaos querer por ellos! Groseros charlatanes que, hinchados por los halagos del poder, difunden hábilmente sus sinsentidos, gente sin inteligencia, carente de todo mérito; esto es lo que les va a los alemanes, no gente como yo. Ese es el testimonio que tengo para darles a mi despedida. Wieland (*Cartas a Merck*, p. 239) dice que es una desgracia haber nacido alemán. Bürger, Mozart y Beethoven, entre otros, le habrían dado la razón; yo también.

Fragmentos, p. 122

~Los alemanes y las abstracciones~

Un defecto propio de los alemanes es que lo que tienen delante de sus narices lo buscan en las nubes. (...) Al oír ciertas palabras, como «Derecho», «libertad», el «bien», el «ser» (este infinitivo del verbo copulativo, que carece de todo contenido), etc., el alemán se marea, cae pronto en una especie de delirio y empieza a emitir frases grandilocuentes, pero que nada dicen, formadas por la yuxtaposición artificial de los más amplios y por tanto más huecos de los conceptos, todo ello en vez de dirigir sus miradas a la realidad y observar las cosas y situaciones concretas de las que esos conceptos se han abstraído, y que por tanto constituyen su único contenido verdadero.

Paralipómena, §120, p. 284

---

[2] En español en el original. (*Nota de los traductores.*)

~Los alemanes y la brevedad~

Téngase presente siempre la frase de Baltasar Gracián: «Lo bueno, si breve, dos veces bueno»[3], que, creedme, se debe recomendar muy especialmente a los alemanes.

Paralipómena, § 242, p. 559

~Los alemanes y el empirismo~

Los alemanes harían bien en descansar de la tan cacareada experiencia y de su trabajo manual por una temporada, la necesaria para estudiar los *Principios metafísicos de la ciencia natural* de Kant, a fin de que, por una vez, limpiasen y pusiesen orden no solo en sus laboratorios, sino también en sus cabezas.

Paralipómena, § 77, p. 136

~Los alemanes y la imitación de lo ajeno~

En otros [escritores alemanes] se notan los efectos de la tendencia nacional a imitar inmediatamente en la literatura toda tontería, igual que en la vida todo descaro, lo que se demuestra en la rapidez con que hacen estragos ambas cosas, mientras que un inglés, tanto en lo que escribe como en lo que hace, pide consejo a su propio juicio, cosa por la que a nadie cabe elogiar menos que a los alemanes.

Paralipómena, § 283, p. 611

---

[3] En español en el original. (*Nota de los traductores.*)

~Alemania y Hegel~

Cuando te sobrevenga el desaliento, piensa tan solo que estamos en Alemania, donde ha sido posible lo que en ningún otro lugar nunca habría podido suceder; a saber, que un vulgar e ignorante filosofastro, que embadurna el papel con necedades y que echa a perder por completo y para siempre las mentes con su huera palabrería, me refiero a nuestro encarecido Hegel, haya sido proclamado a los cuatro vientos como un profundo pensador. Y no solo han podido hacerlo impunemente y sin ser objeto de todas las burlas, es que encima se lo creen, ¡se lo creen desde hace nada menos que treinta años!

Raíz, p. 55

~Anglicanos~

Esos demonios con figura humana, los propietarios y vendedores de esclavos de los Estados Unidos (en los que más que la libertad reina la esclavitud), suelen ser anglicanos ortodoxos y devotos que considerarían un grave pecado trabajar el domingo, y que confiando en eso y en su puntual asistencia a la iglesia, etc., esperan alcanzar la bienaventuranza eterna.

Paralipómena, § 174, p. 419

~Anonimato literario~

Igual que la policía no permite a nadie ir enmascarado por la calle, no debería tolerar tampoco ninguna publicación anónima.

Paralipómena, § 281, p. 602

«¡Bellaco quien no diga su nombre!» debe ser la divisa de todos los escritores honrados. Y cuando alguien haga la meritoria obra de quitarle la máscara a un compadre de esos [autores anónimos], tras haberlo vareado convenientemente, y de sacarlo a la luz pública trayéndolo de la oreja, esa lechuza, ahora visible a la luz del día, provocará gran regocijo.

Paralipómena, § 281, p. 604

~El Antiguo Testamento, el Nuevo y la sabiduría india~

Las doctrinas del Nuevo Testamento rectifican y reinterpretan las del Antiguo, de manera que en lo más interno y esencial se llega a una coincidencia con las antiguas religiones de la India. Cuanto de verdadero hay en el cristianismo se encuentra también en el brahmanismo y en el budismo. Pero la doctrina judía de una nada animada, de una obra temporal mal hecha, que nunca cree haberse humillado lo bastante agradeciendo esa efímera existencia, llena de desgracias, miedo y necesidad, y ensalzando a Jehová por ella: algo así se buscará en vano en el hinduismo y en el budismo. Sin embargo, en el Nuevo Testamento se nota el espíritu de la sabiduría india, al modo de un aroma de flores que atravesando ríos y montañas nos llegase de lejanos países tropicales.

Paralipómena, § 179, p. 450 y s.

~Apariencias~

A la vida humana le sucede como a cualquier género de mala calidad, que la parte externa se recubre con una capa de falso resplandor. Se ocultan los sufrimientos, mientras que se pone todo el empeño en sacar a relucir lo que de pompa y brillo se puede encontrar. Y cuanto menor es la satisfacción interior del hombre, mayor es su deseo de que los demás lo tengan por afortunado; hasta tal punto llega su necedad.

El mundo, I, p. 446

~Aplauso de los contemporáneos~

El sello de probidad y franqueza que con tanta claridad muestran mis obras las hace contrastar fuertemente con las de los tres famosos sofistas del periodo poskantiano. A mí se me hallará permanentemente instalado en la perspectiva de la *reflexión*, esto es, del conocimiento racional y la expresión sincera; nunca en la perspectiva de la *inspiración*, llamada intuición intelectual o pensamiento absoluto y cuya correcta denominación es la de insustancialidad y charlatanería. Así pues, al trabajar con ese espíritu, viendo mientras tanto cómo lo falso y malo es dado por bueno y se rinden honores a los vendedores de humo y a los charlatanes, hace tiempo que renuncié al aplauso de mis contemporáneos. Nadie podría codiciar el aplauso de una época que durante veinte años ha proclamado a Hegel, ese Calibán[4] del espíritu, como el más grande de los filósofos, y tan alto que el eco de su fama resuena en toda Europa. A esta época no le quedan ya coronas que repartir; sus ovaciones están prostituidas y su censura no significa nada.

El mundo, I, p. 17 y s.

---

[4] Personaje de la obra de Shakespeare *La tempestad*. Es un salvaje brutal y estúpido, proverbial por su maldad y zafiedad. (*Nota de los traductores.*)

Siendo así que los hombres, por lo general, carecen de opiniones propias y, además, no tienen ninguna capacidad para apreciar las obras elevadas y complicadas, se guían de continuo por la autoridad ajena, y en noventa y nueve de cada cien casos los elogios se basan en esa confianza. Por consiguiente, para los que sí piensan, incluso el aplauso más unánime de los contemporáneos tiene escaso valor, pues en él reconocen el eco de unas pocas voces que, además, dependen de cómo sople el viento. ¿Se sentiría un virtuoso halagado por el clamor del aplauso de su público si supiera que, salvo uno o dos, todos son completamente sordos y que, para ocultar su defecto, estallan en aplausos tan pronto ven a algún otro agitar las manos? ¿Y si supiera, además, que los primeros en aplaudir a menudo se dejan sobornar para ovacionar a los violinistas más deplorables?

Aforismos, p. 478

~Aplicaciones médicas de la obra de Hegel~

Lo razonable habría sido no prestar la menor atención a lo que esta gente, con el solo propósito de aparentar, ha traído al mercado. A no ser que los libracos de Hegel se declarasen de utilidad médica, en cuyo caso se dispensarían en las farmacias para administrarse como vomitivo, dadas las características náuseas que producen.

Bosquejo, p. 42

~Articulistas anónimos~

¿Se toleraría que un enmascarado arengase al pueblo o quisiese hablar ante una asamblea, y que encima atacase a otros y los cubriese de reproches? ¿No se le haría acelerar el paso hacia la puerta a base de puntapiés? La libertad de prensa por fin lograda en Alemania, y de la que enseguida se ha abusado de la manera más vil, debería estar limitada al menos por la prohibición de todo anonimato y del uso de seudónimos, a fin de que todo el que proclame algo en público mediante el megáfono de la prensa, que tan lejos se oye, responda de lo que dice con su honor, en caso de que lo tenga, y si carece de él, para que su nombre neutralice el efecto de lo que dice.

Paralipómena, § 281, p. 602

~Astrónomos~

Ninguna ciencia impresiona a la mayoría de la gente tanto como la *astronomía*. Por ello los astrónomos —que casi siempre son meras cabezas calculantes y cuyas restantes capacidades son, como suele pasar en esos casos, harto limitadas— se dan mucho pisto diciendo que la suya es «la más sublime de todas las ciencias», y otras cosas por el estilo. Ya Platón se burlaba de esas pretensiones de la astronomía y recordaba que lo sublime y elevado no es necesariamente lo que está más arriba (*República*, libro VII).

Paralipómena, § 80, p. 150

Desde el punto de vista de la filosofía, se podría comparar a los astrónomos con gente que asistiese a la representación de una gran ópera, pero sin distraerse con la música o el argumento, sino interesándose solamente por la tramoya y los decorados, y que al final se considerase muy afortunada por haber comprendido perfectamente la disposición y el funcionamiento de los mismos.

Paralipómena, § 80, p. 152

~Autores alemanes~

[Los autores alemanes] se afanan por lograr la mayor ambigüedad e indeterminación de la expresión, de suerte que todo se nos aparece como envuelto en tinieblas. El fin que persiguen parece ser, por un lado, dejar abierta en cada frase una puerta de atrás; por otro, hacerse los importantes y dar la impresión de que dicen más cosas de las que en realidad han pensado. Pero, en buena medida, dicha particularidad se debe a lo lelos que son y al embotamiento de su inteligencia. Esto es lo que hace tan odiosa a los extranjeros toda la producción de los juntaletras alemanes, pues no les gusta ir dando palos de ciego, mientras que en el caso de nuestros compatriotas eso parece formar parte de su misma naturaleza.

Paralipómena, § 287, p. 644

~Autores que no piensan~

Se puede decir que hay tres clases de autores. Primero, los que escriben sin pensar: escriben de memoria, basándose en reminiscencias o incluso copiando directamente de otros libros. Esta clase es la más numerosa. En segundo lugar, los autores que piensan mientras escriben: piensan para escribir, y son muy frecuentes. En tercer lugar, los que ya han pensado antes de ponerse a escribir: escriben solo porque han pensado. Son muy escasos.

Paralipómena, § 273, p. 590

~Ballet~

El ballet, espectáculo que con frecuencia persigue satisfacer la lascivia antes que despertar el goce estético, debido a los limitados medios de que dispone y a la monotonía que eso produce, pronto resulta, además, sumamente aburrido, hasta tal punto que agota nuestra paciencia; en especial, porque la larga repetición de una misma melodía subordinada a la danza —a menudo de más de un cuarto de hora— fatiga al sentido musical y lo embota, de manera que este queda insensible para las posteriores impresiones musicales, más serias y elevadas.

Paralipómena, § 220, p. 510

~Barba~

Se dice que la barba es algo natural en el hombre. En cualquier caso, y precisamente por eso, resulta muy adecuada para los hombres en estado de naturaleza, al igual que lo es afeitarse para el hombre civilizado, pues así se muestra que la cruda violencia animal, de la que aquella es signo visible en el sexo masculino, ha tenido que ceder el paso a la ley, el orden y la urbanidad.

La barba aumenta y resalta la parte animal del rostro, por eso da a este un aspecto tan llamativamente brutal: ¡no hay más que observar el perfil de un hombre barbudo mientras come!

Quieren hacernos ver que la barba es un *adorno*. Pues bien, desde hace doscientos años estábamos acostumbrados a ver tal adorno únicamente en judíos, cosacos, capuchinos, presidiarios y asaltantes de caminos.

Universidad, p. 216 y s.

La *barba*, como media máscara que es, debería estar prohibida por la policía. Además, al tratarse de un carácter sexual que se lleva en la mitad del rostro, es *obscena*: por eso gusta a las mujeres.

Paralipómena, § 233, p. 529

~Barba y mujer~

La naturaleza —que sabe que *homo homini lupus* [el hombre es un lobo para el hombre]— dotó al hombre de barba para evitar que en las negociaciones o en situaciones imprevistas, y a menudo peligrosas, el adversario descubra sus emociones. La mujer, por el contrario, puede prescindir de ella, ya que en su caso la ocultación y el fingimiento (*contenance*) son facultades innatas.

El mundo, II, p. 434

~El bello sexo~

Llamar «el bello sexo» al bajo de estatura, estrecho de hombros, ancho de caderas y corto de piernas solo se le podía ocurrir al intelecto masculino nublado por el instinto sexual: a ese instinto debe tal sexo toda su belleza.

Paralipómena, § 369, p. 725 y s.

~Best-sellers~

El arte de *no* leer es de suma importancia. Consiste en no echar mano a lo que en cada momento interesa al gran público por el mero hecho de que así suceda, por ejemplo a los panfletos políticos o literarios, novelas, poesías, etc., que más ruido hacen y que aparecen en varias ediciones en su primer y último año de vida, sino que más bien se ha de tener en cuenta que quien escribe para los necios siempre encuentra un gran público, y se debe dedicar el tiempo destinado a la lectura, siempre escaso, a las obras de los grandes espíritus de todas las épocas y naciones.

Paralipómena, § 295, p. 655

~Budismo y cristianismo~

¡Qué sabio es el *budismo* con su suposición de los mil Budas, para que no pase lo que en el cristianismo, en el que *Jesucristo* ha redimido al mundo y fuera de él no es posible la salvación, mientras que cuatro mil años, cuyos monumentos se levantan grandiosos y magníficos en Egipto, Asia y Europa, nada pudieron saber de él, de modo que esas épocas, con toda su gloria, se fueron al infierno sin comerlo ni beberlo!

Paralipómena, § 182, p. 465

~Buenos amigos~

Las pequeñeces, siempre que dejen traslucir un carácter ruin, malvado o vulgar, son causa suficiente para romper incluso con los llamados buenos amigos: solo así podremos prevenir que nos hagan alguna faena grande, pues esas jugarretas únicamente están esperando la oportunidad adecuada. Lo mismo se puede decir de los criados. Pensad siempre: ¡mejor solo que rodeado de traidores!

Paralipómena, § 118, p. 274

~Caras nuevas~

A excepción de ciertos rostros bellos, bondadosos e inteligentes —y, por tanto, sumamente escasos—, creo que a las personas sensibles cada nuevo rostro que vean les producirá casi siempre una sensación emparentada con el sobresalto, puesto que ofrecerá lo desagradable en nueva y sorprendente combinación. Por regla general, será ese un espectáculo realmente triste (*a sorry sight*). Hay incluso individuos en cuyo rostro se expresa tan tosca vulgaridad y bajeza de carácter, unida a tal limitación animal del entendimiento, que uno se asombra de que salgan a la calle con semejante rostro y no prefieran llevar una careta. Y hay rostros tales que basta mirarlos para sentirse sucio. Por ello, no se les puede tomar a mal a aquellas personas cuya situación privilegiada se lo permite que se retiren y aíslen a fin de quedar enteramente sustraídas a la penosa sensación de «ver caras nuevas».

Paralipómena, § 377, p. 746

~Catedráticos~

Entre los catedráticos y los eruditos independientes ha existido desde siempre un cierto antagonismo. (...) Y es que, hablando en general, el pienso de las cátedras es lo más adecuado para los rumiantes. En cambio, quienes toman sus presas de manos de la naturaleza, se encuentran mejor al aire libre.

Paralipómena, § 253, p. 569 y s.

~Catedráticos de filosofía~

¡Ay, es un pedazo de pan amargo el de las cátedras de filosofía! Primero hay que bailar al son que toca el ministro, y cuando se ha hecho eso que es un primor, todavía puede verse uno asaltado ahí fuera por los auténticos filósofos, esos salvajes caníbales que son capaces de capturar a uno y de llevárselo como figura de guiñol a fin de utilizarlo para hilaridad general en sus representaciones.

Paralipómena, § 68, p. 119 y s.

~Los catedráticos de filosofía y «el absoluto»~

Dicho sea de paso: todo ese apartado [el que dedica Kant a la imposibilidad de demostrar la existencia de Dios] no ha impedido a los catedráticos de filosofía desde Kant hacer tema principal y constante de todo su filosofar *el absoluto*, es decir, dicho llanamente, lo que no tiene causa: ciertamente, una idea digna de ellos. Esta gente no tiene remedio, y nunca aconsejaré lo suficiente que no se pierda el tiempo con sus escritos, lecciones y conferencias.

Paralipómena, § 178, p. 446

~Los catedráticos de filosofía y la libertad~

Mi estandarte es la verdad: no soy catedrático de filosofía, y por ello no considero que mi profesión consista en garantizar por encima de todo las ideas fundamentales del judaísmo, también cuando cierran para siempre el camino hacia todo conocimiento filosófico. *Liberum arbitrium indifferentiae* [la libertad del albedrío sin ningún tipo de condicionamiento], bajo el nombre de «libertad moral», es uno de los juguetes preferidos de los catedráticos de filosofía, y no se debe privar de él a personas tan ingeniosas, honradas y veraces.

Paralipómena, § 119, p. 283

~El Cid y la historia~

Otro ejemplo [de deformación mítica de la historia] nos lo ofrece el mundialmente famoso *Cid*, el español, glorificado por la tradición oral y las crónicas, sobre todo por el cancionero en el famoso y bellísimo *Romancero*, y también en la que es la mejor tragedia de Corneille; fuentes todas ellas en buena medida coincidentes, en particular en lo que se refiere a doña Jimena. Sin embargo, los escasos datos históricos sobre su figura nos lo presentan ciertamente como un caballero valiente y un notable caudillo, pero también como hombre muy cruel, desleal y fácilmente sobornable, sirviendo tan pronto a una parte, tan pronto a la otra, y más a menudo a los sarracenos que a los cristianos; como un mercenario, en definitiva.

Paralipómena, § 179, p. 457

~Citas falseadas~

Qué poca honradez hay entre los escritores es cosa que se hace patente en la desvergüenza con que falsean sus citas de escritos ajenos. Pasajes de mis obras los encuentro completamente desfigurados, y solo mis partidarios más declarados son una excepción a esta regla. Muchas veces el falseamiento se debe a mera negligencia (...), pero con demasiada frecuencia se hace con mala intención, y en ese caso es de una vergonzosa bajeza y una grandísima picardía, comparable a la acuñación de moneda falsa y que al igual que ella priva a su autor, de una vez para siempre, del carácter de persona honrada.

Paralipómena, § 273, p. 594

~Clasismo femenino~

Mientras que el varón se dirige siempre con cierto respeto y humanidad incluso a quien ocupa una posición muy inferior a la suya, es insoportable observar qué orgullosa y despreciativa suele ser una mujer noble con otra de menos posición (que no esté a su servicio) cuando habla con ella. La razón puede ser que entre las mujeres todas las diferencias de rango son mucho más precarias que entre nosotros y pueden modificarse o desaparecer mucho más rápidamente, pues mientras que en nuestro caso cabe atender a centenares de cosas, en el suyo es una sola la decisiva: a qué varón han gustado; otra razón puede ser también que a causa de lo unilateral de su oficio están unas mucho más cerca de otras que los varones, por lo que tratan de subrayar sus diferencias en lo tocante a posición social.

Paralipómena, § 368, p. 725

~Clero anglicano~

Nunca, ni siquiera en la vida cotidiana, podemos hacer la menor concesión a la superstición clerical inglesa, sino que ahí donde quiera hacerse oír debemos cortarla de inmediato y sin contemplaciones, pues no hay arrogancia mayor que la de los curas ingleses. Por eso, cuando estén en el continente tienen que experimentar tanto desprecio que así, al regresar a casa, donde tanto escasea, se lleven una parte consigo. Puesto que la desfachatez de los curas ingleses y de sus siervos alcanza aun hoy en día grados inimaginables, hay que hacer que permanezca confinada en la isla, y si se atreve a dejarse ver por el continente, que tenga que hacer como la lechuza cuando llega el día.

Bosquejo, p. 26

~Código del honor~

El procedimiento al uso en estos casos [procedimiento del honor caballeresco para dirimir disputas] se ha plasmado en un rígido y puntilloso código con sus leyes y reglas: es la más seria bufonada del mundo y un auténtico homenaje a la locura.

Aforismos, p. 455

Imponer a una nación o siquiera a una clase social la idea de que un golpe es una terrible afrenta que debe tener como consecuencia el asesinato y la muerte, es una crueldad. En el mundo hay demasiados males reales para que uno se permita aumentarlos con otros imaginarios que terminen siendo causa de nuevos males verdaderos; sin embargo, eso es lo que hace aquella estúpida y maligna idea.

Aforismos, p. 459

~Coito y decepción~

El coito es la paga del diablo y el mundo es su reino. ¿O es que no habéis notado cómo *illico post coitum cachinnus auditur diaboli* [justo después del coito se oye la risa del diablo]? Lo cual, dicho en serio, se debe a que el apetito sexual, sobre todo cuando se concentra y fija en una mujer determinada hasta convertirse en enamoramiento, es la quintaesencia de la estafa de este noble mundo, el cual promete indeciblemente mucho, infinita y desmesuradamente, y luego cumple tan miserablemente poco.

Paralipómena, § 166, p. 373

~Cometido de los catedráticos de filosofía~

El cometido de la filosofía que se enseña desde las cátedras es, en definitiva, el siguiente: exponer los dogmas fundamentales del catecismo bajo una envoltura de fórmulas y frases muy abstractas, abstrusas, complicadas y, en consecuencia, tediosas hasta el agotamiento. Y, luego, finalmente, dejar que esos dogmas queden al descubierto como el meollo del asunto, por muy enrevesados, confusos y extravagantes que aparecieran al principio.

Naturaleza, p. 306

~Compañeros de especialidad~

Tan pronto un talento eminente se hace notar en cualquier especialidad, todos los mediocres del ramo se esfuerzan unánimemente en ocultarlo, en quitarle la oportunidad de darse a conocer y en impedir por todos los medios que lo consiga, que se muestre y que salga a la luz: pues lo consideran como si fuese una alta traición cometida contra su incapacidad, insustancialidad e incompetencia.

Paralipómena, § 242, p. 543

~Condición humana~

El hombre, tal y como es por regla general, no tiene en principio ojos más que para satisfacer sus necesidades y apetitos físicos, y después para algo de conversación y pasatiempo.

Paralipómena, § 174, p. 383

~Conducta humana~

La imitación y la costumbre son los resortes que impulsan la mayor parte de la conducta humana.

Paralipómena, § 119, p. 282

~Conocimiento e infelicidad~

Todo su *conocimiento* [el de la mayoría de los hombres] está enteramente al servicio de su *voluntad* de cada momento: no meditan sobre la concatenación interna de *su* existencia, menos aún sobre la de la existencia misma; en cierto modo, existen sin darse cuenta de ello. Por todo lo cual la existencia del proletario o esclavo que pasa su vida irreflexivamente es mucho más cercana a la del animal —enteramente limitada como está al momento presente— que la nuestra, pero precisamente por eso es también menos atormentada.

Paralipómena, § 333, p. 698

~Conocimiento e interés~

Solamente podemos tener un juicio correcto sobre cosas pasadas y un pronóstico certero de las venideras cuando no nos conciernen en absoluto, es decir, cuando no afectan para nada a nuestros intereses, pues en los casos restantes no somos insobornables, antes bien, sin que nos demos cuenta, nuestro intelecto está infectado y manchado por la voluntad.

Paralipómena, § 49, p. 81

~Consumismo~

El ocio de la mayoría de la gente carece de valor objetivo, e incluso no deja de ser peligroso para quienes lo disfrutan: ellos mismos parecen notarlo. Pues la técnica de nuestros días, que ha llegado a un grado inaudito en la multiplicación de objetos de lujo, permite elegir a los más afortunados entre más ocio y formación del espíritu, por un lado, y más lujo y bienestar a cambio de mayor actividad y esfuerzo, por otro: significativamente, por regla general eligen lo segundo, prefiriendo el champán al ocio.

Paralipómena, § 57, p. 98

~Contemporáneos~

No penséis que vuestra moderna sabiduría pueda sustituir a aquella unción como *hombres* [la que proporcionan los estudios clásicos]: no habéis nacido libres como griegos y romanos, hijos cándidos de la naturaleza. Sois, por encima de todo, hijos y herederos de la bárbara Edad Media, con sus desvaríos, sus viles embustes clericales y su caballería, mitad brutalidad, mitad presunción. Si todo eso se acabara de un plumazo, no seríais siquiera capaces de sosteneros en pie. Sin las enseñanzas de los antiguos vuestra literatura degenerará en vulgar parloteo y craso filisteísmo.

El mundo, II, p. 161

[El hombre dotado de un espíritu superior] solo puede producir cosas grandes, auténticas y extraordinarias en la medida en que no tenga en nada la manera de ser, las ideas y opiniones de sus contemporáneos, haga impertérrito lo que ellos censuran y desprecie lo que ellos alaban. Sin esa arrogancia, no hay gran hombre. Y si su vida y su obra caen en una época incapaz de reconocer y estimar su mérito, se mantendrá fiel a sí mismo, y se parecerá entonces a un viajero noble que tiene que pasar la noche en un mísero albergue: al día siguiente continúa su viaje con ánimo jovial.

Paralipómena, § 57, p. 98

~Conversación~

Comparada con nuestra propia meditación seria y con la íntima contemplación de las cosas, la *conversación* con otra persona sobre las mismas es lo que una máquina a un organismo vivo. Pues solo en el primer caso es todo como de *una* pieza o como interpretado en *una* misma tonalidad musical, y por esa misma razón solo entonces se puede obtener completa claridad, nitidez y verdadera concatenación interna, unidad en definitiva, mientras que en el segundo caso se yuxtaponen trozos heterogéneos de muy diverso origen y se fuerza una cierta unidad del movimiento, que además con frecuencia se detiene inesperadamente.

Paralipómena, § 6, p. 13

~Conversos~

Solo la infancia, y no la madurez, es la época adecuada para sembrar la semilla de la fe. Sobre todo no es ya época de siembra cuando ha echado raíces otra fe anterior: el *convencimiento* que pretenden albergar los conversos adultos no suele ser otra cosa que la máscara de algún interés personal.

Paralipómena, § 174, p. 387

~El corazón humano~

No puedes hacerte idea de la enorme limitación de las mentes toscas: en ellas todo está a oscuras, sobre todo cuando —sucede con demasiada frecuencia— en su base se halla un corazón malo, injusto, perverso. Mientras no cambien mucho las cosas, a hombres como esos, que constituyen la masa de la especie, se les debe dirigir y domar como se pueda, aunque sea mediante motivos tomados de la superstición.

Paralipómena, § 174, p. 416 y s.

~Creación y condenación~

Todo el género humano parece en verdad estar destinado directamente y haber sido creado expresamente —con las pocas excepciones de los que se salvan en virtud de la elección por la gracia (no se sabe por qué)— para el tormento y condenación eternos. Parece, en suma, como si el buen Dios hubiese creado el mundo para que se lo llevase el diablo, de modo que habría sido mejor que se hubiese estado quieto.

Paralipómena, § 177, p. 431

~El cristianismo y los animales~

Un error básico del cristianismo es que ha separado antinaturalmente al hombre del *mundo animal*, al que sin embargo pertenece esencialmente, y solo el primero le merece consideración, mientras que contempla a los animales como *cosas*. (...) El importante papel que desempeñan *los animales* en el brahmanismo y el budismo, comparado con su total nulidad en el *judeocristianismo*, declara a este último menos perfecto, por mucho que en Europa estemos acostumbrados a esa absurdidad.

Paralipómena, § 177, p. 437

Ya es hora de dejar de decir del cristianismo que su moral es la más perfecta. Una gran y esencial imperfección suya es que limita sus normas al hombre y priva de todo derecho al entero mundo animal. Por esa razón, la policía se ve obligada a ocupar el lugar de la religión en la defensa de los animales contra la tosca e insensible masa, frecuentemente más que bestial, y, como eso no es suficiente, hoy en día se forman por todas partes en Europa y América sociedades protectoras de animales, lo que en cambio en toda el Asia *incircuncisa* sería la cosa más superflua del mundo.

Paralipómena, § 177, p. 438

~Cristianismo y avance del saber~

Durante toda la época cristiana el teísmo oprime como un ser de pesadilla todos los esfuerzos intelectuales, en especial los filosóficos, e inhibe o atrofia todo progreso. Dios, el diablo, los ángeles y los demonios vedan a los eruditos de esas épocas el acceso a la naturaleza: ninguna investigación se lleva hasta el final, no se busca el fondo de ningún asunto, sino que todo lo que va más allá del nexo causal más trivial queda detenido por obra de los mencionados personajes.

Paralipómena, § 174, pp. 388 y s.

~Cristianismo e historia sagrada~

El cristianismo presenta la peculiar desventaja de que, a diferencia de las demás religiones, no es una pura *doctrina*, sino esencial y principalmente una *historia*, una serie de sucesos, un complejo de hechos, acciones y sufrimientos de seres individuales: y precisamente en esa historia es en lo que consiste el dogma, y la fe en él es lo que da la bienaventuranza. (...) A esa índole histórica del cristianismo se debe que los chinos se burlen de los misioneros considerándolos meros contadores de cuentos.

Paralipómena, § 177, p. 436 y s.

Una religión que tiene por fundamento *un suceso particular*, que incluso hace de él, que ha tenido lugar en tal sitio y en tal momento concreto, el punto de inflexión del mundo y de toda la existencia, tiene un fundamento tan débil que es imposible que subsista tan pronto se haya difundido un poco de reflexión entre la gente.

Paralipómena, § 182, p. 465

~Críticos~

Hay críticos que piensan que les corresponde decidir a ellos qué es bueno y qué es malo: creen que su corneta de juguete es la trompeta de la fama.

Paralipómena, § 238a, p. 535

~Críticos de Kant~

La arrogancia de los más miserables escritores de compendios va tan lejos que se atreven a calificar de errores anticuados los grandes e inmortales descubrimientos de Kant. E incluso, con una ridícula autosuficiencia y dando a su argumentación un desvergonzado tono de autoridad, se los quitan de en medio con indiferencia, seguros de que ante sí tienen un público crédulo que nada conoce del asunto. Y esto se lo hacen a Kant escritores cuya absoluta incompetencia salta a la vista en cada página, en cada línea de su soporífera e insulsa verborrea. De continuar esto así, pronto se nos ofrecería el espectáculo de un Kant en el papel del león muerto al que cocea un asno.

Naturaleza, p. 308

~Crueldad humana~

El hombre es el único animal que causa dolor a otros sin ninguna finalidad ulterior. Los demás animales nunca lo causan más que para saciar su hambre o en el calor de la pelea (...) Ningún animal tortura nunca meramente por torturar, pero sí lo hace el hombre, y en esto consiste el carácter *diabólico*, que es mucho peor que el meramente animal. (...) Por ejemplo, cuando dos perros jóvenes juegan entre sí —espectáculo pacífico y risueño donde los haya— y llega un niño de tres o cuatro años, poco tardará en pegarles con un látigo o un palo, casi inevitablemente, mostrando así que ya entonces es *l'animal méchant par excellence* [el animal malvado por excelencia].

Paralipómena, § 114, p. 254

El hombre es en el fondo un horrible animal salvaje. Lo conocemos solo en el estado de sumisión y domesticación que recibe el nombre de civilización, y por ello nos asustan las explosiones ocasionales de su naturaleza. Pero tan pronto desaparecen el candado y las cadenas del ordenamiento legal y se abre paso la anarquía, se muestra como el que realmente es. Quien desee ir sabiéndolo ya, sin necesidad de esperar a que se den esas ocasiones, puede convencerse leyendo alguno de los cientos de relatos antiguos y modernos en los que se echa de ver que el hombre nada tiene que envidiar a los tigres y a las hienas en crueldad e inexorabilidad.

Paralipómena, § 114, p. 251

~Culto religioso~

En toda religión se llega pronto a presentar como los objetos próximos de la voluntad divina no tanto las acciones morales cuanto la fe, las ceremonias en los templos y los actos de culto de todo tipo; sucede incluso que estos últimos, sobre todo cuando van ligados a emolumentos para los sacerdotes, se van considerando paulatinamente como un sustitutivo de las acciones morales. Los sacrificios de animales en el templo, encargar misas o construir capillas o cruceros en los caminos son pronto las obras más meritorias, de manera que incluso graves crímenes se expían mediante ellas, al igual que mediante la penitencia, el sometimiento a la autoridad sacerdotal, la confesión, las peregrinaciones, las donaciones a los templos y a sus sacerdotes, la construcción de monasterios, etc., a través de todo lo cual los sacerdotes terminan por ser meramente los intermediarios en el comercio con unos dioses que se dejan sobornar.

Paralipómena, § 174, p. 418

~Curas~

Nunca ha faltado gente dispuesta a aprovechar las ansias metafísicas del ser humano y explotarlas con el propósito de hacer de ello su medio de vida. En todos los países hay quienes monopolizan y se encargan de administrar esa necesidad, a saber, los curas. Mas para que su negocio estuviera asegurado han tenido que hacerse con el derecho de inculcar sus dogmas a los hombres muy temprano, antes de que el juicio haya despertado de su primer sueño, esto es, en la más tierna infancia. Pues es entonces cuando los dogmas inculcados, por absurdos que sean, prenden para siempre. Si tuvieran que esperar hasta el pleno uso de razón, los curas no podrían conservar sus privilegios.

El mundo, II, p. 209 y s.

~Curiosidad femenina~

El deseo de obtener conocimientos, cuando se dirige a lo universal, se denomina *afán de saber*; cuando se dirige a lo particular, *afán de novedades* o curiosidad. Los niños suelen mostrar afán de saber; las niñas, mera curiosidad, pero en un grado pasmoso y frecuentemente con una repelente simpleza. Se anuncia ya aquí la inclinación a lo particular, tan característica del sexo femenino, junto con su paralela insensibilidad hacia lo universal.

Paralipómena, § 45, p. 76

~Damas~

Sería muy deseable que también en Europa se pusiese a este número dos del género humano en el sitio que por naturaleza le corresponde y que se acabase con la absurda institución de la dama, de la que no solo se ríe toda Asia, sino que Grecia y Roma se habrían reído no menos; las consecuencias desde el punto de vista social, civil y político serían incalculablemente beneficiosas.

Paralipómena, § 369, p. 729

~La dama y el ama de casa~

La auténtica dama europea es un ser que no debería existir, sino que solo debería haber amas de casa y muchachas que esperasen llegar a serlo, y que por tanto no fuesen educadas para la arrogancia, sino para ser mujeres de su casa y para el sometimiento.

Paralipómena, § 369, p. 729

~Degeneración de la filosofía~

La filosofía actual ha llegado a tal estado de degeneración y embrutecimiento que cualquiera puede arrogarse el derecho de tratar a la ligera asuntos de los que ya se han ocupado las inteligencias más preclaras. Tal cosa es consecuencia precisamente de que Hegel, ese sinvergüenza propagador de necedades, con la colaboración de los profesores de filosofía, haya podido sacar al mercado las más monstruosas ocurrencias y ser así considerado, durante nada menos que treinta años, como el más grande de los filósofos.

Naturaleza, p. 312

~Demagogos~

Los demagogos de la «actualidad» son, en su calidad de enemigos del cristianismo, optimistas: el mundo es para ellos un «fin en sí», por lo que en sí mismo, es decir, en su constitución natural, está estupendamente dispuesto y es el domicilio mismo de la felicidad. El colosal mal del mundo, que grita contra esa tesis, lo atribuyen por entero a los Gobiernos. Si estos cumpliesen su deber —dicen—, tendríamos el cielo en la Tierra; es decir, todos podríamos atiborrarnos de comida, emborracharnos, reproducirnos y diñarla sin el menor esfuerzo ni tener que pasar necesidades: pues esta es la correcta paráfrasis de su «fin en sí» y el objetivo del «progreso indefinido de la humanidad» que no se cansan de proclamar en frases tan pomposas como vacías.

Paralipómena, § 128, p. 306

~Derecho abstracto~

Un régimen político en el que se encarnase meramente el Derecho abstracto sería cosa excelente, pero para unos seres distintos del hombre: la gran mayoría de ellos son sumamente egoístas, injustos, desconsiderados, mendaces, en ocasiones incluso malvados, y al mismo tiempo dotados de muy escasa inteligencia. De ahí se deriva la necesidad de que el poder, concentrado en *una sola* persona situada por encima de la ley y el Derecho, no tenga que responder de nada ni ante nadie, sino que ante él todo se incline, y de que se lo contemple como un ser de naturaleza superior, un rey por la gracia de Dios. Solo así se puede domeñar y gobernar a la larga a la humanidad.

Paralipómena, § 127, p. 299

~Derechos de autor~

Los honorarios y la prohibición de la reproducción de obras impresas son en el fondo lo que echa a perder la literatura. Solo quien escribe única y exclusivamente por amor al arte escribe cosas dignas de ser escritas. ¡Qué inestimables beneficios reportaría que en todos los campos de cada literatura solo hubiese pocos libros, pero que los que hubiese fuesen excelentes! Ahora bien, eso nunca se conseguirá mientras se puedan ganar honorarios. Pues es como si sobre el dinero pesase una maldición: todo escritor se estropea tan pronto escribe con ánimo de lucro.

Paralipómena, § 272, p. 589 y s.

~Desengaño~

Cuando dos amigos de la juventud, tras haber estado separados toda su vida, vuelven a encontrarse de ancianos, el sentimiento predominante que a ambos les produce su propio aspecto, al asociarse a este el recuerdo del tiempo pasado, es el de la completa decepción ante la vida entera: tan bella en otro tiempo a la matutina luz rosada de la juventud, que tanto prometía y que tan poco ha cumplido. Este sentimiento es tan intenso y domina de tal manera en su reencuentro que ni siquiera consideran necesario expresarlo con palabras, sino que, dándolo por supuesto, de común y tácito acuerdo prosiguen la conversación con ello en mente.

Paralipómena, § 155, p. 353

~Deseos humanos~

Lo que la vida a todos nos enseña consiste, en suma, en que los objetos de nuestros deseos siempre nos defraudan, vacilan y se vienen abajo, ocasionándonos más dolor que alegría, hasta que, finalmente, su fundamento mismo, lo que los sostiene a todos ellos, se derrumba con el fin de la vida del individuo. Este recibe entonces la confirmación última de que todas sus aspiraciones y deseos eran un error, un camino equivocado.

El mundo, II, p. 735

La insaciabilidad de la voluntad individual, que hace que toda satisfacción genere un nuevo deseo, y que sus apetitos, eternamente disconformes con lo que obtienen, tiendan al infinito, descansa en el fondo en que la voluntad tomada en sí misma es el señor del mundo, al que todo pertenece, por lo que ninguna parte podría satisfacerle, sino solo el todo; mas este es infinito.

Paralipómena, § 145, p. 337

~Diálogo y filosofía~

Únicamente a nosotros mismos nos entendemos del todo, a los demás solo a medias: lo máximo que podemos conseguir es compartir los conceptos, pero no la comprensión intuitiva que subyace en ellos. Por ello, a las verdades filosóficas profundas nunca se llega por la vía del pensamiento en común, del diálogo.

Paralipómena, § 6, p. 14

~Diálogo y monólogo interior~

Sucede con frecuencia que un gran ingenio prefiere su monólogo a los diálogos que se mantienen en el mundo. Si, con todo, termina accediendo a participar en uno de ellos, puede suceder fácilmente que la vaciedad del mismo le haga recaer en el monólogo y que se olvide por completo del interlocutor, o al menos se despreocupe de que este le entienda o no, y siga hablando con él como hacen las niñas con sus muñecas.

Paralipómena, § 57, p. 97

~Dictados de la razón~

Dictados de la razón llama cada uno a ciertas proposiciones que considera verdaderas sin comprobación alguna y de las que cree estar tan convencido que, aunque quisiese, no podría someterlas a una auténtica verificación, pues para ello tendría que ponerlas en duda provisionalmente. Que haya llegado a darles un crédito tan firme se debe a que cuando empezó a hablar y pensar se le decían constantemente, por lo que se le imprimieron de tal manera que su hábito de pensarlas resulta ser tan antiguo como su hábito mismo de pensar, de modo que ya no puede separar una cosa de otra: han llegado a fundirse con su cerebro. Esto que digo es tan cierto que corroborarlo con ejemplos resultaría por un lado superfluo y por otro sospechoso.

Paralipómena, § 12, p. 19 y s.

~Dignidad del hombre~

A un ser de voluntad tan pecaminosa, de inteligencia tan limitada y de cuerpo tan endeble y vulnerable como el hombre no me parece que el concepto de *dignidad* se le pueda aplicar más que irónicamente.

Paralipómena, § 109, p. 239

~Dios~

Lo que *es*, ha de ser *algo*: una existencia sin esencia es impensable. Si un ser ha sido *creado*, entonces ha sido creado *como está creado*. Por consiguiente, un ser está mal creado si es malo, y es malo si actúa mal, es decir, si provoca el mal. Por tanto, el *mal* del mundo, al igual que su *culpa* —y ambas cosas son innegables—, recaen siempre sobre su creador.

Fragmentos, p. 83

~Dios creador~

Cuando trato de imaginarme puesto ante un ser individual al que le dijese: «¡Creador mío! Hubo un momento en el que yo no era nada, pero tú me has traído al ser, de manera que ahora soy algo, es más, soy yo», y además: «Te doy gracias por esta buena obra», y al final incluso: «Si nada de bueno he hecho, ha sido por *mi* culpa», tengo que confesar que a causa de mis estudios filosóficos y de cultura hindú a mi cabeza ese pensamiento le ha llegado a resultar insufrible.

Paralipómena, § 178, p. 446

~Dios cruel~

El título de la obra de Dante [la *Divina Comedia*] es sumamente original y acertado, y resulta difícil dudar de que sea irónico. ¡Una comedia! A fe mía que esto es lo que es el mundo: una comedia para un Dios cuya insaciable sed de venganza y estudiada crueldad se regodean, en el último acto, en la tortura sin término ni finalidad alguna de unos seres que trajo a la existencia ociosamente, y que lo hace porque no salieron como él pensaba y, por ello, en su corta vida han hecho o creído cosas que a él no le parecían bien. Por lo demás, comparados con su inaudita crueldad, todos los crímenes tan duramente castigados en el *Inferno* no son ni siquiera dignos de mención; incluso él mismo sería mucho peor que todos los demonios que nos salen al paso en el *Inferno*, toda vez que estos actúan por encargo suyo y en virtud de un poder por él otorgado.

Paralipómena, § 229, p. 521

~Dios y egoísmo~

El mismo Dios que al principio aparecía como creador, al final se nos presenta como vengador que viene a saldar cuentas. La creencia en un Dios tal puede, sin duda, dar lugar a acciones virtuosas, mas, dado que su motivo es el miedo al castigo o la esperanza en la recompensa, dichas acciones no son estrictamente morales: el lado oculto de esa virtud nos remite más bien a un astuto y premeditado egoísmo. En último término, todo depende de la firmeza de la creencia en cosas indemostrables: si esa creencia existe, entonces no se vacilará en soportar un breve periodo de padecimientos a cambio de una eternidad de dicha, y el verdadero principio rector de la moral será «saber esperar». Solo que todo aquel que busca una recompensa para sus actos, ya sea en este mundo o en el venidero, es un egoísta.

Fragmentos, p. 152

~Dios en este mundo~

Considerar que este mundo es Dios es algo que no se le ocurre a nadie que contemple las cosas con una mirada libre de prejuicios. Tendría que ser un Dios mal aconsejado el que no encontrase mejor diversión que transformarse en un mundo como el que tenemos, en un mundo tan hambriento, para sufrir —bajo la forma de incontables millones de seres vivos amedrentados y atormentados [todos los cuales solo logran subsistir durante breve lapso mediante el procedimiento de comerse unos a otros]— miserias, necesidades y la muerte, sin medida ni objeto alguno, por ejemplo para recibir diariamente, en la figura de seis millones de esclavos negros, una media de sesenta millones de latigazos diarios sobre el cuerpo desnudo, y en la figura de tres millones de obreros textiles europeos llevar una vida poco más que vegetativa, abrumados por el hambre y la tribulación, viviendo en habitáculos de aire viciado y trabajando en tristísimas naves industriales, etc.

Paralipómena, § 69, p. 120 y s.

~Dios y responsabilidad moral~

Que un ser sea obra de otro, pero que al mismo tiempo su voluntad y obrar sean *libres*, es algo que se puede decir con palabras, pero que no se puede pensar. En efecto, quien lo llamó de la nada a la existencia a la vez ha creado y fijado también su naturaleza esencial, esto es, todas sus propiedades y características (...). Por ello, el teísmo y la responsabilidad moral del hombre son incompatibles, puesto que la responsabilidad recaerá siempre en el autor del ser en cuestión.

Paralipómena, § 118, p. 280

~Discernimiento humano~

La falta de capacidad de juzgar de la que me quejo se muestra también en el hecho de que en cada siglo se venera lo excelente de épocas anteriores, pero lo de la propia se malinterpreta y desconoce, mientras que la atención que se debería dedicarle se presta a las auténticas chapuzas que cada decenio arrastra solamente para ser la irrisión del siguiente. Y que sea tan difícil que los hombres reconozcan el auténtico mérito cuando se da en su propia época, demuestra que tampoco entienden, disfrutan ni saben estimar las obras del genio reconocidas desde hace mucho tiempo, sino que las veneran basados en la autoridad ajena.

Paralipómena, § 240, p. 539

~Discusiones~

La gente, tal y como es por regla general, toma a mal que no se comparta su opinión. (...) De una controversia con ellos, la mayor parte de las veces lo único que sacaremos es una gran irritación, puesto que no solo tendremos que enfrentarnos a su incapacidad intelectual, sino muy pronto también a su baja estofa moral.

Paralipómena, § 26, p. 34

~Discusiones con ignorantes~

Al igual que en los torneos solo se admitía a personas de igual calidad, el docto no debe ponerse nunca a disputar con personas indoctas. En efecto, contra ellas no podrá utilizar sus mejores argumentos, dado que les faltan los conocimientos necesarios para comprenderlos y sopesarlos. Si, con todo, intenta hacérselos comprender para salir de tan penosa situación, la mayor parte de las veces no lo conseguirá; es más, en ocasiones, gracias a un contraargumento defectuoso y tosco, los indoctos parecerán tener razón a ojos de otros oyentes igualmente ignorantes.

Paralipómena, § 26, p. 33

~La Divina Comedia~

Confieso sinceramente que la fama de la *Divina Comedia* me parece exagerada. No cabe duda de que buena parte de esa fama de que goza se debe a la enorme absurdidad de la idea básica, con arreglo a la cual, nada más comenzar, en el *Inferno*, se nos pone ante la vista con toda crudeza la parte más indignante de la mitología cristiana. A ese prestigio contribuyen también lo suyo la oscuridad del estilo y las alusiones veladas.

Paralipómena, § 229, p. 520

~Dolor y placer~

Nuestra sensibilidad al dolor es casi infinita, mientras que la sensibilidad al placer está sometida a unos límites muy estrechos.

Paralipómena, § 148, p. 343

Quien al instante desee comprobar si es correcta la afirmación de que en el mundo el placer supera al dolor, o que al menos se contrapesan mutuamente, basta con que compare lo que siente un animal que se come a otro con lo que siente este último.

Paralipómena, § 148, p. 344

~Dueños de perros~

No puedo ver a un perro encadenado sin sentir vehemente compasión por él y profunda indignación contra su amo, y recuerdo con satisfacción un caso del que informaba el *Times* hace algunos años: un lord que tenía un gran perro encadenado quiso acariciarlo cuando pasaba por su patio, pero el perro respondió arrancándole el brazo: ¡bien hecho! Con ello estaba queriendo decir: «No eres mi amo, sino mi demonio, que convierte mi corta existencia en un infierno». ¡Ojalá le pase lo mismo a todo el que ate a un perro con una cadena!

Paralipómena, § 153, p. 350

~Educación~

Así [cuando se enseñan conceptos abstractos, sin contacto intuitivo con el mundo real], sucede que la educación hace cabezas mal organizadas, y de ahí también que en nuestra juventud, tras mucho estudiar y leer, entremos en el mundo siendo en parte unos ingenuos y en parte unos extravagantes, y nos comportemos en él ya medrosa, ya temerariamente, pues tenemos la cabeza llena de conceptos que tratamos entonces de aplicar, pero sucede que casi siempre los utilizamos al revés de como debiéramos.

Paralipómena, § 372, p. 736

~Eficacia del Derecho~

La violencia física es lo único que tiene una eficacia directa [para regular la convivencia social], ya que los hombres, tal y como son por regla general, solo para ella tienen receptividad y respeto. Si, para convencerse de esto por la experiencia, se eliminase toda coacción y se quisiese emplear con los hombres solamente la razón, el Derecho y la equidad, presentándoselos de la forma más clara y apremiante, pero en contra de sus intereses, saltaría a la vista la impotencia de las fuerzas meramente morales, pues no se obtendría otra respuesta que carcajadas de burla.

Paralipómena, § 127, p. 296

~Egoísmo~

El egoísmo está tan profundamente arraigado en el individuo que para moverlo a actuar solo podemos contar con seguridad con móviles egoístas.

El mundo, II, p. 688

~Egoísmo metafísico~

En cada ser vivo radica el *centro del mundo*. Por ello su existencia lo es todo para él, absolutamente todo. Y ahí está la base del *egoísmo*. Creer que la muerte lo aniquila es sumamente ridículo, ya que toda existencia parte de él y solo de él.

Paralipómena, § 66, p. 115

~Ejemplo ajeno~

El poderoso efecto que produce el ejemplo se debe en su integridad a que, por regla general, el hombre carece del suficiente juicio, y con frecuencia también de los suficientes conocimientos, para explorar por sí mismo su propio camino, por lo que gusta de seguir las huellas de otros. Así, cada uno estará tanto más abierto a la influencia del ejemplo cuanta mayor sea su carencia de esas capacidades.

Paralipómena, § 119, p. 282

~Empiristas~

Las cómicas necedades de los filósofos de la naturaleza de la escuela schellingiana, por un lado, y los éxitos del saber empírico, por otro, han producido en muchos tal prevención contra el sistema y la teoría que esperan que todos los progresos de la física vengan de las manos, sin intervención alguna de la cabeza, y lo que más les gustaría es dedicarse solamente a experimentar, sin tener que pensar nada.

Paralipómena, § 76, p. 130

Adónde puede llevar pensar sin hacer experimentos nos lo ha mostrado la Edad Media, pero este siglo está llamado a mostrarnos adónde lleva hacer experimentos sin pensar, y en qué para la educación de la juventud limitada a la física y la química.

Paralipómena, § 77, p. 133

~Empleo del tiempo~

La gente corriente se ocupa únicamente de matar el tiempo; quien posee algún talento, de *aprovecharlo*. El hecho de que las personas de escasa inteligencia estén tan expuestas al aburrimiento se debe a que su intelecto no es más que un medio al servicio de su voluntad.

Aforismos, p. 395 y s.

~Envidia~

El que carece de toda superioridad o mérito desearía que nada de eso existiese. Le tortura verlos en otra persona; se pone blanco, verde, amarillo de la envidia que le corroe por dentro. Le gustaría aniquilar y hacer desaparecer a todos los privilegiados. Mas si, para su desgracia, no tiene más remedio que dejarlos vivir, será bajo la condición de que oculten sus perfecciones, de que las nieguen por completo, de que abjuren de ellas. Ese es el origen de las frecuentes alabanzas a la modestia.

El mundo, II, p. 547

La superioridad intelectual es, en todo lugar y situación, lo más odiado del mundo.

Paralipómena, § 242, p. 556

~Envidia y compasión~

Nadie es muy de *envidiar*; muy de *compadecer*, muchos.

Paralipómena, § 156, p. 353

~Entendimiento y milagros~

Los milagros son los únicos argumentos que están al alcance del entendimiento del común de los mortales; por eso, todos los fundadores de religiones hacen alguno que otro.

Paralipómena, § 179, p. 454

~Erudición y comprensión~

Por regla general, los estudiantes y graduados de todas las clases y edades van únicamente en pos de la *erudición,* no de la *comprensión.* Empeñan su honor en saber de todo, de todas las piedras, plantas, batallas o experimentos, y muy especialmente, en saber de todos los libros. Que la erudición es un mero *medio* para llegar a comprender, pero que en sí misma tiene poco o ningún valor, es algo que ni siquiera se les ocurre, y sin embargo no es otro el modo de pensar que caracteriza a la cabeza filosófica. Al ver la impresionante erudición de esos sabelotodo me digo a veces: ¡qué poco tienen que haber pensado para poder haber leído tanto!

Paralipómena, § 246, p. 563 y s.

~Eruditos alemanes~

El erudito alemán es demasiado pobre para poder ser veraz y honrado. Por ello, su modo de proceder y su método es el siguiente: contorsionarse, retorcerse, acomodarse a lo establecido, traicionar sus propias convicciones, enseñar y escribir lo que no cree, arrastrarse, adular, formar partidos y camarillas, respetar a los ministros, a las personas célebres, a los colegas, a los estudiantes, a los libreros, a los recensores, en suma, a todo el mundo antes que a la verdad y al mérito ajeno. De esa manera, casi siempre se convierte en un muy respetuoso miserable. Y, también a consecuencia de ello, en las letras alemanas, y especialmente en la filosofía, la falta de honradez predomina tanto que cabe esperar que llegará a un punto en el que, incapaz de engañar a nadie más, se torne ineficaz.

Paralipómena, § 251, p. 568 y s.

~Los eruditos y sus enseñanzas~

Para la gran mayoría de los eruditos su ciencia es un medio, no un fin en sí mismo (...), y estudian con la única finalidad de poder enseñar y escribir. Por eso su cabeza se parece a un estómago o a unos intestinos de los que los alimentos saliesen sin digerir. Y por esa misma razón lo que escriben y enseñan es de poco provecho. Pues no se puede alimentar a otros con secreciones sin digerir, sino solo con la leche extraída de la propia sangre.

Paralipómena, § 247, p. 564 y s.

~Eruditos y genios~

Eruditos son quienes han leído en los libros; pensadores, genios, lumbreras y benefactores del género humano son quienes han leído directamente en el libro del mundo.

Paralipómena, § 258, p. 578

~Los eruditos y la lectura~

Quien lee muchísimo y casi todo el día, y en los ratos libres descansa con pasatiempos que no exigen pensar, va perdiendo paulatinamente la capacidad de pensar por cuenta propia, igual que alguien que monta mucho a caballo termina por no saber andar. Tal es el caso de muchísimos eruditos: se han vuelto tontos a fuerza de leer.

Paralipómena, § 258, p. 579

~Los eruditos y su mala conciencia~

A la mayor parte de los eruditos les gusta tan poco que se pongan a prueba sus conocimientos como a los comerciantes que se examinen sus libros de cuentas.

Paralipómena, § 254, p. 570

~Los eruditos y la peluca~

La *peluca* es un símbolo del puro erudito como tal que está muy bien elegido. Adorna la cabeza con gran abundancia de pelo ajeno a falta del propio, igual que la erudición consiste en equiparse con una gran cantidad de ideas ajenas, que, a diferencia de las nacidas del propio suelo nativo, no le quedan a uno bien ni lo visten con naturalidad, ni tampoco se pueden utilizar en todos los casos y para cualesquiera fines, ni tienen raíces profundas, ni, cuando se consumen, se renuevan con otras procedentes de la misma fuente.

Paralipómena, § 248, p. 565

~Los escritores y la lengua alemana~

Para eternizaros queréis poner vuestras garras en nuestra vieja lengua, a fin de dejar en ella para siempre, al modo de una huella fósil, la impronta de vuestra existencia huera y anodina. Pero: *di meliora!* [¡que Dios nos libre!] ¡Largo de aquí, paquidermos! *¡Esta es la lengua alemana,* en la que se han expresado personas, en la que han cantado grandes poetas y han escrito grandes pensadores! ¡Las pezuñas quietas, o de lo contrario... pasaréis *hambre!* (Esto es lo único que los asusta).

Paralipómena, § 283, p. 636 y s.

~Escritores modernos~

Ved cómo se refocilan estropeando el lenguaje estos nobles hijos de la «actualidad». Miradlos, por favor: cabezas calvas, luengas barbas, gafas en vez de ojos, como sucedáneo del pensamiento un puro en el hocico, un saco a la espalda en vez de chaqueta, pasilleo y visitas en vez de trabajo diligente, arrogancia en vez de conocimientos, desvergüenza y amiguismo en vez de méritos.

Paralipómena, § 283, p. 636

~Escritores y periodistas~

Los muy miserables hacen cuentas del número de letras y, si pueden ahorrarse alguna, no tienen el menor escrúpulo en mutilar una palabra o en emplear otra cuyo sentido es diferente. Como son incapaces de alumbrar ideas nuevas quieren al menos poner en el mercado nuevas palabras, y cualquier ensuciacuartillas se siente con autoridad para mejorar la lengua. Los más desvergonzados son los periodistas, y como, debido a la trivialidad de lo que escriben, llegan al gran público, buena parte del cual no lee más que eso, la lengua corre un grave peligro por su culpa. Por eso, lo que con toda seriedad propongo es que se les someta a censura ortográfica, o que por cada palabra mal usada o truncada se les haga pagar una multa, pues ¿no es infame que los cambios en el lenguaje tengan su origen en el género literario más pedestre de todos?

El mundo, II, p. 163

~Españoles y autos de fe~

Para los demás [los que no son «espíritus fuertes»], no hay nada, por absurdo o indignante que sea, que si se les inculca de esa manera [mediante la educación desde la más tierna infancia] no eche raíces en ellos de tal modo que acaben tributándole la fe más inconmovible. Incluso aunque se trate, por ejemplo, de la idea de que matar a un hereje o a un infiel es esencial para la futura salvación del alma. Si así se hiciera, la mayor parte de los hombres lo convertiría en el objetivo principal de su vida, y en el lecho de muerte extraerían consuelo y fortaleza del recuerdo de que lo consiguieron; como, de hecho, en otro tiempo, casi todos los españoles consideraban que un auto de fe era la obra más devota y grata a los ojos de Dios.

Paralipómena, § 174, p. 385

~Especialistas~

Los eruditos en una sola especialidad son comparables al trabajador de una fábrica que durante toda su vida no hace otra cosa que un mismo tornillo, gancho o empuñadura para una determinada herramienta o máquina, en lo que sin embargo adquiere increíble virtuosismo. También se puede comparar al erudito especializado con un hombre que vive en una casa de su propiedad, pero que nunca sale a la calle. En la casa conoce todo con exactitud, cada escalerita, cada rincón y cada viga, igual que el Quasimodo de Victor Hugo la catedral de Notre Dame, pero fuera de ella todo le resulta ajeno y desconocido.

Paralipómena, § 254, p. 571

~Esperanza en el futuro~

Vivimos en todo momento esperando algo mejor que lo que tenemos, y frecuentemente a la vez con nostalgia arrepentida de lo pasado. En cambio, el presente lo tomamos solamente como algo provisional y no lo consideramos otra cosa que el camino hacia alguna meta. Por ello, cuando miran hacia atrás desde el final, los más encuentran que han vivido toda su vida interinamente, y se asombran de ver que lo que dejaron pasar sin darle importancia y sin disfrutarlo era precisamente su vida, precisamente aquello en cuya expectativa vivían. Y así, la trayectoria vital del hombre consiste, por regla general, en que, entontecido por la esperanza, va bailando hasta caer en brazos de la muerte.

Paralipómena, § 145, p. 337

~Espíritus~

De los datos y el comportamiento de esos espíritus [los descritos por una famosa visionaria] se deduciría que el mundo está constituido de una forma sumamente tonta y absurda; y eso muestra que carecen de un fundamento real y objetivo. Más bien, aunque exista un influjo cuyo origen esté fuera de la naturaleza, habría que atribuirlos a la actividad intuitiva e intelectual de la muy ignorante visionaria, que no ve más allá de lo que le dicta el catecismo.

Ensayo, p. 371

~El Estado~

La necesidad del Estado descansa, en último término, en el reconocimiento de que el género humano es de suyo injusto: de otro modo, nunca se hubiera pensado en Estado de ninguna clase, puesto que nadie tendría por qué temer que se vulnerasen sus derechos (y una mera asociación contra los ataques de las fieras salvajes o las inclemencias del tiempo bien poco se asemejaría a un Estado). Teniendo esto en perspectiva, se aprecia con claridad lo cortos y obtusos que son todos esos filosofastros que, en la apoteosis del filisteísmo, con frases pomposas nos presentan el Estado como el fin supremo y lo más granado de la existencia humana.

Paralipómena, § 123, p. 286

~Estado y legislación~

Las relaciones entre los hombres se caracterizan, generalmente, por su injusticia, por su extrema iniquidad, por su violencia y crueldad. Lo contrario solo excepcionalmente tiene lugar. En esto se basa la necesidad del Estado y de la legislación, y no en vuestras patrañas.

El mundo, II, p. 740

~Estados Unidos~

Pese a la prosperidad material del país, vemos que allí la actitud dominante es el vil utilitarismo, junto con su indefectible compañera, la ignorancia, que a su vez ha abierto el camino a la estúpida mojigatería anglicana, a una necia arrogancia y a una brutal tosquedad que va acompañada de una boba veneración a las mujeres. Y cosas todavía peores están allí a la orden del día, a saber: la atroz esclavitud de los negros, que, además, reciben un trato extremadamente cruel; la más injusta opresión de los negros libres; la ley de Lynch; los frecuentes asesinatos a traición, a menudo impunes; duelos brutales en extremo; a veces, abierta burla del Derecho y las leyes; rechazo de las deudas contraídas con la comunidad; estafas políticas indignantes para hacerse con las provincias adyacentes y, en consecuencia, incursiones de bandidos ávidos de las riquezas del país vecino, encubiertas después desde las instancias más altas mediante falsedades que todos conocen como tales y que les mueven a risa; un gobierno ejercido en medida cada vez mayor por el populacho; y, por último, la perniciosa influencia que por necesidad ha de ejercer sobre la moralidad privada la mencionada negación del Derecho en las altas esferas.

Paralipómena, § 127, pp. 299 y s.

~Estilo abstracto~

Otra característica suya [de los filósofos y ensayistas alemanes posteriores a Kant] es que siempre que pueden (...) eligen la expresión más abstracta, mientras que las personas de talento eligen en cambio la más concreta, porque esta hace más intuitiva la cosa, y la intuición es la fuente de toda evidencia. (...) La razón de esa forma de proceder es que las expresiones abstractas e indeterminadas siempre dejan abierta alguna puerta trasera, cosa que mucho les gusta a aquellos a quienes la tácita conciencia de su incapacidad les infunde un constante temor a todas las expresiones decididas.

Paralipómena, § 283, p. 611

~Estilo alemán~

Los alemanes se distinguen de otras naciones por su descuido tanto en el estilo como en el vestir, y ambos desarreglos tienen un mismo origen: el carácter nacional.

Paralipómena, § 285, p. 640

~Estilo descuidado~

Pocos escriben como construye un arquitecto, que primero ha trazado sus planos y los ha pensado hasta los últimos detalles, sino que la mayoría lo hace como se juega al dominó. En efecto, al igual que en ese juego se van poniendo fichas una junto a otra, en parte siguiendo un propósito, en parte al azar, así también sucede con la coherencia y la concatenación de las frases. Apenas saben qué figura resultará en conjunto y a dónde va a ir a parar todo. Muchos no saben ni siquiera eso, sino que escriben igual que los pólipos de coral construyen: juntan un periodo a otro, y que sea lo que Dios quiera.

Paralipómena, § 286, p. 642

~Estilo difícil~

Todos los autores mediocres tratan de enmascarar el estilo que les es propio y natural (...) y tienden a dar la apariencia de que han pensado cosas más profundas de lo que en realidad ha sido el caso. Por ello, presentan lo que tienen que decir en giros forzados y difíciles, con palabras recién creadas y periodos excesivamente largos, que dan vueltas alrededor del pensamiento y lo ocultan. Oscilan así entre el intento de comunicarlo y el de esconderlo. Lo que les gustaría es recortarlo y presentarlo de tal manera que recibiese una apariencia erudita o profunda, para que se piense que detrás hay más que lo que en ese momento se percibe.

Paralipómena, § 283, p. 606 y s.

~Estilo ininteligible~

Nada es más fácil que escribir de manera que no haya quien lo entienda, al igual que nada es más difícil que expresar pensamientos de peso de modo tal que nadie pueda decir que no los entiende. Lo ininteligible está emparentado con la carencia de inteligencia y, en todo caso, es infinitamente más probable que esconda una mistificación que un pensamiento muy profundo.

Paralipómena, § 283, p. 608

~Estilo poskantiano~

A todos esos escritorzuelos [los filósofos y ensayistas alemanes posteriores a Kant] se les nota que quieren que *parezca* que dicen algo, cuando en realidad no tienen nada que decir. Esta *manera* introducida por los seudofilósofos de las universidades se puede observar por doquier, también en las primeras notabilidades literarias de la época. Es la madre del estilo retorcido, vago, ambiguo y equívoco, también del estilo ampuloso y pesado, del *stile empesé* [estilo almidonado], no menos que del inútil torrente de palabras, y finalmente también del procedimiento consistente en esconder la más amarga pobreza de pensamientos bajo una cháchara incansable y narcotizante que recuerda al sonido de una carraca: se puede leer durante horas sin encontrar un solo pensamiento expresado con claridad y bien determinado.

Paralipómena, § 283, p. 609 y s.

~Estilo «subjetivo»~

El estilo *no* debe ser subjetivo, sino objetivo, para lo que es necesario disponer las palabras de manera que fuercen al lector a pensar exactamente lo mismo que ha pensado el autor. Pero esto solo se logrará cuando el autor tenga en cuenta constantemente que los pensamientos siguen la ley de la gravedad: recorren el camino de la cabeza al papel mucho más fácilmente que el que va del papel a la cabeza.

Paralipómena, § 284, p. 639

~Estoicismo~

La actitud estoica, su forma de afrontar el destino, es una buena coraza contra los sufrimientos de la vida y resulta muy útil para soportar mejor el presente. Pero es un obstáculo para la verdadera salvación, pues endurece el corazón. ¿Cómo va a hacer el sufrimiento que el corazón sea cada vez mejor si, rodeado por una envoltura de piedra, es insensible a él? Por lo demás, un cierto grado de este estoicismo no es nada infrecuente. A menudo puede que sea afectado y que se reduzca a poner *bonne mine à mauvais jeu* [al mal tiempo buena cara]; pero, cuando no es fingido, la mayor parte de las veces se debe a la mera ausencia de sentimientos, a la falta de la energía, viveza, sensibilidad y fantasía necesarias para experimentar las penas del corazón, por grandes que sean.

Paralipómena, § 170, p. 378

~Estudiantes desocupados~

Solo los animales más inteligentes, como los perros y los monos, experimentan la necesidad de estar ocupados, y por tanto también el aburrimiento. Por eso les gusta jugar, y también se entretienen mirando a la gente que pasa, lo que les hace pertenecer ya a la *misma* categoría que los ventaneros humanos, esa gente que se nos queda mirando y que no falta en lugar alguno, pero que solo produce auténtica indignación cuando nos damos cuenta de que son estudiantes.

Paralipómena, § 50, p. 82

~Estulticia humana~

Incontables veces he tenido que indignarme de la incapacidad, total falta de juicio y completa bestialidad del género humano, y he tenido que sumarme al viejo lamento: *Humani generis mater nutrixque profecto stultitia est* [Verdaderamente, la estulticia es la madre y el ama de cría del género humano].

Paralipómena, § 57, p. 100

~Estupidez humana~

Cuán limitado y precario es el normal intelecto humano, y cuán pequeña la claridad de la conciencia, es cosa que se echa de ver en que a pesar de la efímera brevedad de la vida del hombre, arrojada en el seno del tiempo infinito, de lo penoso de nuestra existencia, de los innumerables enigmas que por doquier nos salen al paso, de la densidad de significado de tantos fenómenos y de la absoluta insuficiencia de la vida, no todos filosofan constante e incesantemente, incluso ni siquiera muchos o aun algunos, o al menos unos pocos, no, sino solo de vez en cuando uno, y únicamente en contadísimas excepciones. Los demás van viviendo en este sueño de modo no muy diferente a los animales, de los cuales al final solamente se distinguen por su capacidad de tomar precauciones a varios años vista.

Paralipómena, § 39, p. 68

~Europa y la creación de la nada~

Si un asiático me preguntase qué es Europa, yo le respondería: es el continente que está enteramente dominado por la inaudita e increíble locura de que el nacimiento del hombre es un comienzo absoluto, y de que por tanto el hombre ha salido de la nada.

Paralipómena, § 177, p. 435 y ss.

~Europa, los judíos y los animales~

... Europa, este continente que está tan impregnado del *foetor iudaicus* [tufillo judío] que la patente y sencillísima verdad de que «el animal es en lo esencial lo mismo que el hombre» resulta ser una paradoja escandalosa.

Paralipómena, § 177, p. 440

~Excéntricos y «concéntricos»~

A ellos [a las personas «normales»] todo esfuerzo intelectual que no esté al servicio de los fines de la voluntad les parece una necedad, y a la correspondiente inclinación le dan el nombre de excentricidad. Según eso, atenerse siempre a los fines de la voluntad y del vientre sería la concentricidad, y no en vano la voluntad es el centro, es más, el núcleo del mundo.

Paralipómena, § 57, p. 99

~La experiencia y el pensamiento~

Al igual que la lectura, tampoco la mera experiencia puede sustituir al pensamiento. El saber puramente empírico guarda con el pensamiento la misma relación que comer con digerir y asimilar. Cuando el primero se jacta de que con solo sus descubrimientos ha hecho avanzar el saber humano, es como si la boca quisiese ufanarse de que la conservación del cuerpo es obra suya.

Paralipómena, § 264, p. 584

~Existencia~

Las horas pasan tanto más deprisa cuanto más agradables son, y tanto más despacio cuanto más doloroso es su transcurso. Esto es así porque lo positivo es el dolor y no el placer. De igual modo que somos conscientes del tiempo cuando nos aburrimos, y no cuando nos divertimos. Ambas cosas demuestran que nuestra existencia es más feliz cuanto menos la sentimos, de lo que se sigue que mejor sería no existir.

El mundo, II, p. 736

Mi visión del mundo considera la existencia misma como algo que sería mejor que no fuese, como una especie de camino extraviado que el conocimiento debe invitarnos a desandar.

Paralipómena, §172a, p. 379

~Existencia y culpa~

A nada se parece tanto nuestra existencia como al resultado de un paso en falso y de unos apetitos merecedores de castigo.

Paralipómena, § 156, p. 356

Tan pronto hayamos adquirido esa costumbre [la de ver nuestra existencia como resultado de una culpa], nuestras expectativas en la vida serán las adecuadas y, por tanto, ya no veremos sus grandes y pequeñas contrariedades, sufrimientos, desgracias y miserias como si fuesen algo inesperado y contrario a las reglas, sino que nos parecerá que están enteramente en orden, sabiendo que aquí todos somos castigados por nuestra existencia, y cada uno a la manera que le corresponde.

Paralipómena, § 156, p. 357

Que nuestra existencia misma implica una culpa, queda demostrado por la muerte.

Paralipómena, § 164, p. 372

~Existencia de Dios~

Si existiera un Dios, en tal caso la autoría del pecado y del mal, solo atribuibles a él, refutaría su divinidad.

Fragmentos, p. 84

~Expectativas~

Por regla general, las alegrías resultan ser muy inferiores a nuestras expectativas; los dolores, por el contrario, muy superiores a ellas.

Paralipómena, § 149, p. 344

Lo que uno disfruta de antemano con la expectativa de una satisfacción, se le sustrae después a esta, como si se descontara del disfrute real, pues luego la cosa misma nos satisface tanto menos.

Paralipómena, § 153, p. 349

~Expresión de las ideas~

A los escritores alemanes les convendría darse cuenta de que, en lo posible, hay que pensar como los grandes espíritus, pero expresarse con el mismo lenguaje que los demás. Debemos valernos de palabras usuales para decir cosas que no lo sean, pero el caso es que ellos hacen al revés. Vemos, en efecto, cómo se esfuerzan por envolver conceptos triviales en palabras elegantes, y cómo visten sus trilladísimas ideas con las más desusadas expresiones y con palabras de lo más rebuscadas, preciosistas y extravagantes. Sus frases van siempre como sobre zancos.

Paralipómena, § 283, p. 613

~Fama de Hegel~

La gloria de Hegel, aquí elegida como ejemplo de falsa fama, es realmente un hecho muy singular, singular incluso en Alemania, por lo que invito a las bibliotecas públicas a que conserven cuidadosamente momificados todos los documentos que la atestiguan, tanto las *opera omnia* del filosofastro como las de sus adoradores, para enseñanza, advertencia e irrisión de la posteridad, y como recuerdo conmemorativo de esta época y este país.

Paralipómena, § 242, p. 553

Durante más de un cuarto de siglo, esa fama [la de Hegel], formada con todo descaro por una acumulación de mentiras, ha pasado por auténtica, y la *bestia trionfante* ha florecido y gobernado en la república de las letras alemana, hasta tal punto que ni siquiera los pocos enemigos de esa necedad se han atrevido a hablar del miserable autor de la misma más que como de un raro genio y de una mente superior y con la más profunda de las reverencias (...), por lo que este periodo quedará para siempre en la historia de las letras como una mancha de perenne ignominia de la nación y de la época, y será el hazmerreír de los siglos: ¡con toda razón!

Paralipómena, § 242, p. 551

En Hegel y en sus compadres el descaro con el que embadurnaban papel con tonterías, por un lado, y la indecencia con que se los alababa, por otro, junto a la evidente intencionalidad de tan limpios manejos, alcanzó tan colosal magnitud que al cabo a todos tuvieron que abrírseles los ojos para semejante charlatanería, y cuando a consecuencia de ciertas revelaciones se retiró a todo el asunto la protección de arriba, también la boca.

Paralipómena, § 297, p. 660

~Fanatismo religioso~

¡Cuántos horrores han provocado las religiones, especialmente la cristiana y la musulmana, y cuántas desgracias no han traído sobre el mundo! Pensad en el fanatismo, en las persecuciones interminables, sobre todo en las guerras de religión, esa sanguinaria locura, inimaginable para los antiguos; después, en las Cruzadas, que fueron una carnicería de doscientos años enteramente irresponsable y destinada a conquistar bajo el grito de guerra de «¡Dios lo quiere!» la tumba de quien había predicado el amor y la tolerancia; pensad en la cruel expulsión y erradicación de los moros y judíos de España; pensad en las bodas de sangre, en las inquisiciones y otros tribunales contra la herejía, sin olvidar las sanguinarias y grandes conquistas de los mahometanos en tres continentes, pero tampoco las de los cristianos en América, a cuyos habitantes exterminaron en su mayor parte, en Cuba incluso totalmente (según Las Casas), asesinando en un plazo de cuarenta años a doce millones de personas, todo ello, se entiende, *ad maiorem Dei gloriam* [para mayor gloria de Dios], con la finalidad de difundir el Evangelio y porque además a quien no era cristiano tampoco se lo consideraba hombre.

Paralipómena, § 174, p. 420

~Fases de la vida~

Quid superbit homo, cuius conceptio culpa, / Nasci poena, labor vita, necesse mori?
[¿De qué se puede ufanar el hombre, si su concepción es una culpa, su nacimiento un castigo, un trabajo su vida y morir una necesidad?][5]

Paralipómena, § 109, p. 239

---

[5] Versos tomados por Schopenhauer casi literalmente del epitafio que compuso para sí mismo el poeta medieval Adán de San Víctor (*Nota de los traductores.*)

~Fe y saber~

La humanidad, cuando crece, abandona la religión igual que alguien a quien se le ha quedado pequeña la ropa que usaba cuando era niño; y ese es un proceso imparable: de lo contrario, las costuras del traje terminarían por reventar. Y es que la fe y el saber no pueden coexistir en una misma cabeza: son como un lobo y una oveja que estuviesen en la misma jaula, y ciertamente el saber es el lobo, que amenaza con comerse a su vecina.

Paralipómena, § 181, p. 464

~Felicidad~

La paz, la tranquilidad y la felicidad habitan solo allí donde no haya ningún dónde ni ningún cuándo.

Paralipómena, § 30, p. 57

En este mundo donde no existe estabilidad de ninguna clase, donde ningún estado es duradero, sino que todo se halla inmerso en un torbellino de incesantes cambios; en este mundo donde todo se apresura, todo vuela y se sostiene como sobre una cuerda floja, mediante continuos pasos y movimientos; en un mundo así, la felicidad no es ni siquiera pensable. No puede habitar allí donde no hay lugar más que para el «constante devenir y nunca ser» de Platón. Nadie es feliz, sino que tiende durante toda su vida a una supuesta felicidad que rara vez alcanza, y cuando lo hace, es solo para experimentar un gran desengaño: por lo general, todos acabamos naufragando, y si llegamos a puerto es con la nave desarbolada.

Paralipómena, § 144, p. 335 y s.

Todavía no ha habido ningún hombre que se sintiera totalmente feliz en el presente, a no ser que estuviera ebrio.

Paralipómena, § 146, p. 339

~Felicidad y riquezas~

Lo que la riqueza añade a la satisfacción de las necesidades reales y naturales no solo tiene escasa influencia sobre nuestro bienestar, sino que más bien lo estorbará, debido a las numerosas e inevitables preocupaciones que acompañan a la conservación de una gran fortuna. Sin embargo, los hombres se ocupan mil veces más de adquirir riquezas que de formar su espíritu, cuando, sin duda alguna, mucho más contribuye a nuestra felicidad lo que uno es que lo que uno tiene.

Aforismos, p. 384

~Fichte~

Si esto fuera así [si *lo que* muestra el fenómeno se redujera al *cómo* se muestra], entonces el mundo entero se deduciría del sujeto, y se habría hecho realidad lo que Fichte, ese vendedor de humo, *pretendía* haber conseguido. Pero resulta que esto no es posible: de esa manera se han ideado sofisticadas fantasías y se han levantado castillos en el aire, pero no ciencia alguna.

El mundo, I, p. 187 y s.

Fichte, cuando sacaba a la luz su talento dramático en la cátedra, solía pronunciar, con profunda seriedad, impresionante énfasis y unos gestos que dejaban boquiabiertos a los estudiantes, la siguiente frase: «Es porque es, y es como es porque es así».

Paralipómena, § 27, p. 45

~Fichte y Schelling~

Para mantener todo este tinglado en pie se ha empleado una particular artimaña cuya invención debemos a los señores Fichte y Schelling. Me refiero al pícaro ardid que consiste en escribir de manera oscura e incomprensible, y cuya auténtica *finesse* reside en disponer su galimatías de tal manera que el lector crea que si no entiende nada es por su propia incapacidad, cuando el escritor sabe muy bien que la culpa es suya, ya que no estaba expresando nada verdaderamente comprensible: no tenía pensamiento claro alguno que transmitir.

Universidad, p. 200

~Fichte, Schelling y Hegel~

A mi juicio, Fichte, Schelling y Hegel no son filósofos, ya que les falta el primer requisito para serlo: la seriedad y la probidad en la investigación. Son vulgares sofistas: no quieren ser, sino aparentar, y no buscan la verdad, sino su propio beneficio y promoción personal.

Bosquejo, p. 32

Nombramientos oficiales, honorarios de estudiantes y libreros, y, como medio para obtenerlos, montar un espectáculo y hacer todo el ruido posible con su seudofilosofía: esas eran las estrellas que guiaban y fascinaban a estos «discípulos de la sabiduría». Por tanto, no superan el control de entrada y no se les puede permitir que pasen a formar parte del honorable grupo de los grandes pensadores de la humanidad.

No obstante, hay algo en lo que han destacado en alto grado, a saber: en el arte de embaucar al público haciéndose pasar por lo que no eran, lo cual requiere un indiscutible talento, solo que no filosófico.

Bosquejo, p. 32

~Filosofía académica~

La filosofía universitaria es, por regla general, pura farsa. Su verdadero fin es el de hacer que enraíce en la inteligencia de los estudiantes la orientación intelectual que los profesores tienen por conveniente para el ejercicio de su ministerio. Esto puede fundarse en serias razones de Estado, solo que de ese modo la filosofía de cátedra se convierte en un *nervis alienis mobile lignum* [una marioneta movida por hilos extraños; Horacio, *Sermones* 2, 7, 82], y no puede ser tomada en serio, sino como filosofía de pega.

El mundo, II, p. 211

A quien todavía le quepa alguna duda sobre el sentido y la finalidad de la filosofía universitaria, no tiene más que observar el camino seguido por la seudosabiduría hegeliana. ¿Le ha supuesto algún obstáculo el hecho de que su idea fundamental fuera una ocurrencia de lo más absurda, un mundo al revés, una mamarrachada filosófica? ¿Le ha perjudicado en algo no contener más que una palabrería huera destinada a hacer las delicias de las cabezas de chorlito?

¿Le ha planteado algún inconveniente que las exposiciones que el autor presenta en sus obras sean el más repugnante y disparatado galimatías, tan delirante que parece sacado de un manicomio? ¡Oh, no! Ni lo más mínimo. Todo lo contrario: durante veinte años ha sido tenida por la más brillante filosofía que hayan producido las cátedras, ha merecido sueldo y emolumentos, ha florecido y engordado, y cientos de libros en toda Alemania la han proclamado como el culmen de la sabiduría humana, como la filosofía de las filosofías.

Fragmentos, p. 179

~Filosofía y fe~

¡Por Zeus! A estos señores, tanto de Francia como de Alemania, hay que recordarles que la filosofía está para algo distinto que para hacerles el juego a los curas. Pero sobre todo hay que dejarles bien claro que no creemos en su fe, lo que da buena idea de qué es lo que pensamos de ellos.

Naturaleza, p. 308

~Filosofía hegeliana~

La entera historia de las letras, tanto antiguas como modernas, no presenta ningún ejemplo de falsa fama que se pudiese comparar con el de la filosofía hegeliana. En ningún tiempo o lugar lo por completo malo, lo palmariamente falso y absurdo, lo patentemente falto de sentido, y además en su exposición repulsivo y repugnante en el más alto grado, ha sido tenido con tal indignante desvergüenza y tal cara dura por la más elevada sabiduría y lo más sublime que el mundo ha visto, como lo ha sido esa seudofilosofía carente de todo valor.

Paralipómena, § 242, p. 550 y s.

~Filosofía oficial~

Como los gobiernos hacen ahora de la filosofía un medio para sus fines de Estado, los estudiantes, por su parte, ven en las cátedras de filosofía un oficio que da de comer, igual que cualquier otro. De manera que se precipitan hacia ellas dejando bien sentados sus buenos propósitos, es decir, su intención de servir a aquellos fines. Y mantienen su palabra: no es su guía la verdad, ni la claridad, ni Platón, ni Aristóteles, sino los fines que les han sido encomendados, que al instante se convierten en el criterio de lo verdadero, de lo valioso, de lo digno de atención y de lo que no lo es. Todo lo que no se amolde a tales fines, ya sea lo más importante y extraordinario en su campo, será condenado, o bien, cuando eso pudiera levantar sospechas, ahogarán su eco en un silencio unánime.

El mundo, I, p. 16

~La filosofía como oficio~

Otros, cuya mirada va un poco más lejos, afirman que lo que se oculta bajo aquel manto [el de la filosofía de la época] no es ni la teología ni la filosofía, sino tan solo un pobre diablo que, con los gestos más solemnes y aire de gravedad, pretende estar buscando la excelsa verdad, cuando en realidad no busca más que un trozo de pan para él y su familia, cosa que podría haber obtenido por otros medios con menos esfuerzo y más honra: un pobre diablo que para ello está dispuesto a hacer lo que se le pida, incluso intuir intelectualmente o deducir *a priori* al diablo, y a su abuela si hiciera falta.

El contraste de la excelsitud de lo que se pretende con la vileza del verdadero motivo produce un efecto extremadamente cómico. Mas no por eso deja de ser deseable que en el puro y sagrado suelo de la filosofía se haga limpieza y se desaloje a esos mercenarios, tal y como antaño se hiciera en el templo de Jerusalén con mercaderes y cambistas.

Naturaleza, p. 325 y s.

Ganar dinero con la filosofía tiene grandes y conocidos inconvenientes. De ahí que los antiguos hicieran de ello el rasgo característico del sofista, para distinguirlo del filósofo. Por eso, merece nuestro elogio Salomón cuando dice: «Buena es la ciencia con hacienda, y aprovecha a los que ven el sol» (Eclesiastés 7, 12).

Paralipómena, § 217, p. 506

~Filosofía poskantiana~

La seria filosofía de Kant se vio desplazada por la de Fichte, un notorio vendedor de humo, por el eclecticismo de Schelling y por las beaterías de Jacobi, tontas y repelentemente dulzonas, hasta que al final se llegó a que un lamentable charlatán, Hegel, fuese equiparado con Kant, e incluso considerado superior a este último.

Paralipómena, § 239, p. 536

Al período espléndido de *Kant* le siguió inmediatamente en la filosofía alemana otro en el que los esfuerzos se dirigían a impresionar en vez de convencer, a ser brillante e hiperbólico, y sobre todo incomprensible, en vez de sólido y claro, e incluso a intrigar en vez de buscar la verdad. De esa manera, era imposible que la filosofía hiciese progreso alguno, y al final se llegó a la bancarrota de toda esa escuela y método. (...) Ha quedado así de manifiesto toda la incompetencia filosófica de la primera mitad del siglo que siguió en Alemania a Kant, mientras que de cara al extranjero se presume de las dotes filosóficas de los alemanes, especialmente desde que un escritor inglés tuvo la malvada ironía de referirse a ellos como «pueblo de pensadores».

Paralipómena, § 297, p. 660 y s.

~El filósofo libresco~

El filósofo libresco informa de lo que ha dicho un autor, de lo que quiso decir otro y de lo que replicó un tercero, etc. Compara todo eso, lo sopesa, lo tamiza, y de esa manera es como trata de llegar a la verdad de las cosas, en lo que se parece mucho al historiador que sigue el método crítico. Así, investigará, por ejemplo, si en algún momento Leibniz fue espinosista, y otras cosas por el estilo. (...) Es digno de asombro el esfuerzo que invierte en semejante tarea, pues parece que si quisiese poner su mirada en las cosas mismas le bastaría pensar un poco por cuenta propia para llegar pronto a su objetivo.

Paralipómena, § 263, p. 582

~Filósofos de botica~

A resultas de la nueva resurrección del viejo y ya cien veces enterrado materialismo, han aparecido filósofos procedentes de boticas y sanatorios. Es gente que nada ha aprendido fuera de lo que se precisa para su oficio, y que ahora, con toda la inocencia del mundo, como si Kant todavía no hubiera nacido, hacen públicas sus reflexiones de viejas, discuten sobre «el cuerpo y el alma» y la relación entre ambos, e incluso (*credite posteri!* [¡créelo, posteridad!; Horacio, *Carmina*, 2, 19, 2]) aseguran que la susodicha alma tiene su sede en el cerebro. Su osadía merece una reprimenda: hay que explicarles que para poder hablar, antes hay que saber algo del asunto, y que más sensato sería no exponerse a incómodas alusiones a cataplasmas y catecismos.

Fragmentos, p. 123

~El físico y el filósofo~

El cometido del auténtico saber no es tanto ver lo que nadie ha visto todavía cuanto, ante lo que todo el mundo ve, pensar lo que nadie ha pensado aún. Por ello es mucho más difícil ser filósofo que físico.

Paralipómena, § 76, p. 131

Por su asunto propio, la física choca con mucha frecuencia e inevitablemente con problemas metafísicos, y en esos casos nuestros físicos, que no conocen otra cosa que sus juguetes eléctricos, sus pilas voltaicas y sus ancas de rana, revelan una ignorancia y tosquedad en las materias de la filosofía (de la que por su título son doctores) realmente crasas, de auténtico zapatero, junto con la estúpida audacia que suele acompañar a la ignorancia y que les hace ponerse sin más a filosofar, no mejor que como lo harían rudos campesinos, sobre problemas (los de la materia, el movimiento, el cambio, etc.) que llevan siglos ocupando la atención de los filósofos.

Paralipómena, § 77, p. 136

~Formas de tratamiento~

El tratamiento realmente adecuado entre las personas debería ser, en vez de *Monsieur, Sir*, etc., «compañero de sufrimientos», *socii malorum, compagnon de misères, my fellow sufferer.*

Paralipómena, § 156, p. 358

~Franceses~

Es en los franceses en quienes con más claridad podemos observarla [la preocupación por la opinión ajena]. En ellos es algo endémico y que a menudo se manifiesta en un ansia de honores del peor gusto, en el orgullo nacional más ridículo y en la fanfarronería más descarada. Con ello, lo que han conseguido es frustrar sus propias aspiraciones, ya que se han convertido en el hazmerreír del resto de las naciones, e incluso la expresión *grande nation* ha pasado a utilizarse de forma irónica.

Aforismos, p. 425

~Los franceses y su lengua~

El colmo de esa petulante vanidad nacional francesa, que lleva siglos siendo el hazmerreír de Europa: aquí va el *non plus ultra*. En 1857 ha aparecido la quinta edición de un manual universitario titulado *Notions élémentaires de grammaire comparée, pour servir à l'étude des trois langues classiques*. (...) La tercera lengua clásica a la que ahí se alude es... el *francés*. Es decir, la más ruin de las jergas románicas; la peor mutilación de palabras latinas; esta lengua que debería mirar con respeto a la italiana, su hermana mayor y mucho más noble que ella; esta lengua que tiene la propiedad exclusiva del repugnante sonido nasal *en, on, un,* así como del acento en la última sílaba, hiposo y repelente más allá de toda ponderación (...); esta lengua en la que no hay metro, sino que es solo la rima, y casi siempre en *–e* o en *–on,* lo que constituye la forma de la poesía: ¡esta mísera lengua la vemos puesta como *lange classique* junto a la griega y la latina! ¡Invito a toda Europa a un abucheo general, a fin de humillar a quienes son los más desvergonzados de todos los petulantes!

Paralipómena, § 283, p. 638

~El francés y el griego~

Los franceses, incluidas las Academias, dan a la lengua griega un trato ultrajante. Toman de ella palabras para desfigurarlas: escriben, por ejemplo, *etiologie, esthétique* (...), o también *Oedipe, Andromaque,* etc.; es decir, escriben las palabras griegas tal y como lo haría un gañán francés que las hubiese oído pronunciar a otros. (...) Ver maltratada la lengua griega a favor de una jerga tan repugnante como es de suyo la francesa [este italiano echado a perder de la manera más repugnante, con las largas y repulsivas sílabas finales y el sonido nasal] es un espectáculo comparable al que ofrece una araña de las Indias Occidentales cuando se come un colibrí, o un sapo cuando engulle a una mariposa.

Paralipómena, § 299a, p. 672

~Los franceses y el mecanicismo~

Y mucho menos se puede explicar [la naturaleza de la luz] con los absurdos cuentos de las moléculas de luz, ese auténtico engendro de la idea fija de los franceses de que toda causa tiene que ser mecánica y todo tiene que deberse a la acción de ciertos choques y a la reacción a los mismos. Y es que siguen llevando a su Descartes metido en el cuerpo. Me extraña que aún no hayan dicho que los ácidos se componen de ganchitos y los álcalis de arandelas, y que por eso son capaces de unirse tan estrechamente.

Paralipómena, § 79, p. 143

~El fruto de nuestros esfuerzos~

La manifiesta desproporción entre nuestros esfuerzos y los resultados que de ellos obtenemos nos hace ver la voluntad de vivir como una meta que perseguir —objetivamente hablando— o como un delirio —desde el punto de vista subjetivo— que atrapa a todos los seres vivos y que, exigiendo el agotamiento de todas sus fuerzas, los empuja hacia algo que carece por completo de valor.

El mundo, I, p. 462

~Futuro inmediato de la filosofía~

Como hasta ahora [hasta que lleguen tiempos mejores], se seguirá nombrando junto a Kant —esa gran inteligencia, única en la historia, que ha desvelado las entresijos de la naturaleza— siempre y por obligación a Fichte, sin que se alce una sola voz que exclame: Ἡρακλῆς καὶ πίθηκος [¡Hércules y su mono![6]]. La filosofía hegeliana del absoluto sinsentido (cuyos 3/4 lo son en

---

[6] Cfr. Goethe, *Fausto*, versos 1982-2000. (*Nota del editor alemán.*)

estado puro y el cuarto restante en forma de estrambóticas ocurrencias) continuará teniéndose por una sabiduría de insondable profundidad, sin que nadie proponga como lema de sus obras las palabras de Shakespeare *such stuff as madmen tongue and brain not* [«materia tal que los locos la expresan, pero no la comprenden». *Cimbelino*, 5, 4], y como emblema un calamar que extendiera a su alrededor una nube de tinieblas para que nadie vea lo que es y bajo el cual figurase la frase *mea caligine tutus* [protegido por mi oscuridad].

Naturaleza, p. 326

~El género humano~

Al igual que todas las personas —incluso los mayores genios— son decididamente obtusas en alguna esfera del conocimiento, y en ello manifiestan su parentesco indisoluble con el género humano, que es esencialmente malo y absurdo, así también todas ellas llevan dentro de sí algo por entero malo desde el punto de vista moral. Incluso el mejor, el más noble carácter, nos sorprenderá en ocasiones con algunos rasgos de maldad, por así decir, para reconocer su pertenencia al género humano, en el cual se dan todos los grados de vileza e incluso de crueldad.

Paralipómena, § 114, p. 249

~Los genios y sus defectos~

Como criterio para medir a un genio no se deben tomar los defectos de su producción, o las más débiles de sus obras, para rebajar entonces su estimación, sino únicamente sus frutos más excelentes. Pues también en lo intelectual la debilidad y el error están tan indisociablemente adheridos a la naturaleza humana que ni siquiera la mente más brillante está siempre y enteramente libre de ellos, y de ahí los grandes defectos que se pueden señalar incluso en las obras de los hombres más grandes.

Paralipómena, § 238, p. 534

~Los genios y la mayoría~

¿Acaso no vemos (...) en todas las épocas que los grandes genios, sea en la poesía, en la filosofía o en las artes, son como héroes aislados que mantienen una lucha desesperada, ellos solos contra los ataques de todo un ejército? Pues la insensibilidad, tosquedad, maldad, necedad y brutalidad de la gran, gran mayoría del género humano está en eterna oposición a su obra, en todas las materias y en todas las artes, y forma por tanto ese ejército enemigo al que terminan por sucumbir. Todo héroe es un Sansón: el fuerte resulta vencido por las maquinaciones de los débiles y muchos, y si al final pierde la paciencia los aplasta a ellos y a sí mismo. O es meramente un Gulliver entre los liliputienses, cuya desproporcionada superioridad numérica acaba por vencerlo.

Paralipómena, § 242, p. 554

~Glorias militares~

El origen de la *guerra* es la *avidez de robar*. (...) En efecto, tan pronto un pueblo nota *un sobrante de fuerzas,* cae sobre los vecinos para, en vez de vivir de su propio trabajo, apropiarse de los frutos del ajeno, ya sean actuales o futuros, sojuzgando en este último caso al otro pueblo. Eso es lo que constituye el contenido de la historia universal y de sus hazañas heroicas. Especialmente en los diccionarios franceses, en la entrada *gloire* debería exponerse primero la gloria artística y literaria, y después, en la acepción de *gloire militaire*, debería aparecer solamente: *voyez butin* [ver «botín»].

Paralipómena, § 233, p. 527

~Hegel~

Si uno, animado por la deplorable condición de la época, es lo suficientemente caradura, se atreverá a hacer manifestaciones del siguiente tipo: «No es difícil comprender que el procedimiento consistente en presentar un enunciado, exponer razones en su favor y refutar —también mediante razones— su contrario, no es la forma en que la verdad puede salir a la luz. La verdad es su propio movimiento en sí mismo», etc. (Hegel, Prólogo a la *Fenomenología del espíritu*). Por mi parte, creo que no es difícil comprender que quien dice tales cosas es un desvergonzado charlatán que busca deslumbrar a los idiotas y que se ha dado cuenta de que los alemanes del siglo XIX son su público.

Bosquejo, p. 34

Si me pusiera aquí a recordar el abuso que Hegel y sus colegas han hecho de tales vastas y vacías abstracciones, no tendría más remedio que provocar las náuseas del lector y de mí mismo: tan insoportable es el aburrimiento que produce la huera palabrería de este repugnante filosofastro.

El mundo, II, p. 113

Por todo lo cual [por haber ocupado la mistificación y la confusión el lugar de los conceptos claros], la filosofía, si es que todavía se la puede llamar así, fue cayendo cada vez más bajo, hasta que finalmente alcanzó el grado mayor del envilecimiento con Hegel, ese producto de los despachos ministeriales. Este, a fin de echar por tierra la libertad de pensamiento lograda gracias a Kant, convirtió a la filosofía, la hija de la razón y futura madre de la verdad, en instrumento para los fines del Estado, del oscurantismo y del jesuitismo protestante. Y para ocultar su oprobio, y provocar al tiempo el mayor entontecimiento posible de las inteligencias, cubrió todo eso bajo el manto de la más huera palabrería y de los galimatías más absurdos jamás oídos, al menos fuera de los manicomios.

Ética, p. 610

A Schelling le sucedió un producto filosófico de los despachos ministeriales que, por motivos políticos, y además no con mucho tino, fue proclamado desde arriba como un gran filósofo: Hegel. Un vulgar, estúpido, ignorante, repugnante y nauseabundo charlatán, que con increíble descaro elaboró un batido de disparates y sinsentidos, pregonados a los cuatro vientos por sus venales secuaces como inmortal sabiduría y que los idiotas tomaron por tal, formándose así un coro de admiradores como nunca antes se había visto.

Fragmentos, p. 121

~Hegel y los alemanes~

Hay un arte en el que este Hegel sí que era un auténtico entendido, a saber: el de tomar el pelo a los alemanes. Aunque no es que eso tenga mucho mérito.

Bosquejo, p. 41

~Hegel y sus efectos sobre la juventud~

En los últimos años, han caído en mis manos ciertos escritos con exposiciones de la filosofía kantiana, hechas por hegelianos, que entran de lleno en el terreno de lo fabuloso. ¿Cómo podrían ser capaces de seguir las profundas investigaciones kantianas cabezas que en su más tierna juventud han sido deformadas y echadas a perder por hegelianadas sin sentido? Desde muy temprano se acostumbraron a tomar la más huera palabrería por pensamientos filosóficos, los sofismas más rastreros por agudezas intelectuales y los más necios disparates por dialéctica, de modo que sus cabezas han quedado trastornadas por sucesiones de palabras que se precipitan una tras otra, y en las que la inteligencia, torturándose y agotándose, en vano trata de encontrar alguna idea. Para ellos no vale ninguna crítica de la razón, ninguna filosofía; lo que necesitan es una *medicina mentis*. En primer lugar, a modo de catártico, *un petit cours de senscommunologie* [un pequeño curso de sentidocomunología] y, luego, ya veríamos si en algún momento se podía empezar a hablar de filosofía.

El mundo, I, p. 22

La seudosabiduría hegeliana es como aquella piedra de molino en la cabeza del aprendiz, de que se habla en el *Fausto* [I, verso 1947]. Si se quiere convertir a un joven en un idiota, haciéndolo totalmente incapaz de pensar, no hay método más garantizado que el aplicado estudio de las obras de Hegel en su versión original. Este monstruoso amontonamiento de palabras que se anulan y contradicen unas a otras hará que su inteligencia se torture en vano tratando de encontrar algún pensamiento, hasta que, finalmente, se desplome rendida. Irá destruyendo su capacidad de pensar de forma tan completa que acabará tomando las hueras y vanas florituras retóricas por pensamientos.

Bosquejo, p. 35

~Herencia del cristianismo~

Guerras de religión, matanzas por motivos religiosos, cruzadas, inquisición y otros tribunales contra la herejía, exterminio de la población indígena de América e introducción de esclavos africanos en su lugar: estos han sido los frutos del cristianismo.

Paralipómena, § 174, p. 413 y s.

~La historia como ciencia~

La *historia* ha sido siempre la ocupación favorita de quienes desean aprender algo sin tener que hacer el esfuerzo que exigen las ciencias propiamente dichas, las cuales requieren el uso del entendimiento.

Paralipómena, § 233, p. 525

Una de las imperfecciones de la historia es que su musa, Clío, está tan completamente infectada por la mentira como una prostituta callejera por la sífilis. La nueva historiografía crítica se esfuerza en curarla, pero con sus remedios aplicados localmente solo logra combatir algunos síntomas que se dan aquí y allá, y eso sin contar con que la charlatanería que suele acompañarla agrava aún más el mal.

Paralipómena, § 233, p. 527

Tengo para mí que los sucesos y personajes de la historia se parecen a los reales más o menos como la mayor parte de los grabados de los escritores que aparecen en las portadas de los libros a los escritores mismos.

Paralipómena, § 233, p. 527 y s.

~Historia de la literatura~

La *historia de la literatura* se puede comparar en su mayor parte con el catálogo de una exposición de abortos y otras criaturas malogradas. El alcohol en el que durante más largo tiempo se conservan es la piel de las tapas de los libros. En cambio, los pocos nacimientos que han salido bien en vano se buscarán ahí; han permanecido con vida, y se los encuentra por doquier en el mundo, por el que andan como seres inmortales que disfrutan de eterna juventud.

Paralipómena, § 297, p. 661

Historia trágica de la literatura

Me gustaría que alguien tratase de escribir una *historia trágica de la literatura*, en la que mostrase cómo las diferentes naciones, cada una de las cuales pone su máximo orgullo en los grandes escritores y artistas de los que puede ufanarse, los han tratado en vida.

Paralipómena, § 297, p. 662

~Historicismo~

Quien, como yo, no puede dejar de ver en toda la historia siempre las mismas cosas bajo configuraciones distintas, al igual que cuando se hace girar un caleidoscopio, no podrá compartir ese interés apasionado [de muchos por la historia], si bien tampoco lo censurará. Pero que algunos pretendan hacer de la historia una parte de la filosofía, o incluso la filosofía misma, figurándose que puede ocupar el lugar de esta última, es algo ridículo y de mal gusto.

Paralipómena, § 233, p. 526

~Hombre~

La fuente principal de los peores males que el hombre padece es el hombre mismo.

El mundo, II, p. 739 y s.

El médico ve al hombre en toda su debilidad, el jurista en toda su maldad, el teólogo en toda su estupidez.

Paralipómena, § 344a, p. 708

~El hombre, una bestia seria~

La mayoría de los hombres no son capaces de otro uso de su intelecto [que el consistente en ponerlo al servicio de la voluntad]. (...) Esto es precisamente lo que los hace tan secos, lo que les da su seriedad animal y los torna incapaces de mantener conversaciones realmente interesantes; hasta en su mismo rostro se aprecia lo corto que su voluntad ata al intelecto.

Paralipómena, § 50, p. 86

~El hombre como una marioneta~

La marcha del mundo no permite que, como el filósofo según la definición de Pitágoras, seamos espectadores tranquilos y desinteresados del mismo, sino que en la gran función de marionetas de la vida todos tenemos que actuar, y casi siempre sentimos el hilo que nos liga a ella y que nos pone en movimiento.

Paralipómena, § 206, p. 495

~El hombre y el mono~

Los monos hacen lo que ven; los hombres dicen lo que oyen.

Paralipómena, § 79, p. 145

~El hombre en la naturaleza~

En el mundo solo hay un ser mendaz: el *hombre*. Todos los demás son veraces y sinceros, puesto que sin disimulo se manifiestan como lo que son y dan a conocer lo que sienten. Una expresión emblemática o alegórica de esta diferencia fundamental es que todos los animales van por el mundo en su figura natural, lo que contribuye mucho al agradable aspecto que ofrecen a la mirada —a mí se me alegra el corazón al verlos, sobre todo cuando se trata de animales en libertad—, mientras que el hombre a causa del vestido se ha convertido en un ser grotesco, en un monstruo, cuyo aspecto es ya por esa razón repelente, lo que aún resulta intensificado por el color blanco, que no le es natural, y por todas las repugnantes consecuencias de la antinatural alimentación con carne, de las bebidas alcohólicas, del tabaco y de los excesos y enfermedades. ¡El hombre es una deshonra para la naturaleza!

Paralipómena, § 305, p. 683 y s.

~El hombre y el perro~

Para cubrir la necesidad que todos tenemos de algún entretenimiento que nos alegre el ánimo, y para quitarle a la soledad su sensación de vacío y aburrimiento, recomiendo en cambio [en vez de la compañía de otras personas] a los perros, cuyas características morales e intelectuales casi siempre nos producirán alegría y satisfacción.

Paralipómena, § 57, p. 100

De ahí [de la ausencia de honradez en el mundo] vienen las amistades con cuadrúpedos de tantos hombres excelentes; pues, ciertamente, ¿dónde podríamos descansar de la infinita simulación, falsía y malicia de los hombres, si no existiesen los perros, en cuyo honrado rostro se puede mirar sin desconfianza?

Paralipómena, § 114, p. 249

~Hombre práctico~

El hombre corriente y meramente práctico que goce de una situación favorable actuará productivamente en lo material, adquirirá, comprará, edificará, roturará, invertirá, fundará, levantará y embellecerá, con diaria diligencia e incansable celo. Al hacer todo eso se figura que está trabajando para sí; sin embargo, de todo ello solo se beneficiarán al final *los que vengan después*, y con mucha frecuencia ni siquiera sus propios descendientes. Puede decir, por tanto: *nos, non nobis* [nosotros, pero no para nosotros], y no recibirá otro pago que sus trabajos y fatigas.

Paralipómena, § 57, p. 95

~El hombre y la voluntad~

Una voluntad irracional, incluso ciega, y que toma la forma de nuestro organismo es la base y la raíz de todo intelecto; de ahí las deficiencias de todos ellos y los rasgos de necedad y maldad de los que ningún hombre se halla libre. (...) Nuestro intelecto se parece, así pues, a una antorcha a cuya luz tenemos que leer mientras que el viento de la noche la mueve violentamente de un lado para otro.

Paralipómena, § 49, p. 80 y s.

~Homero~

En Homero las muchas expresiones, tropos, imágenes y formas de decir que se repiten infinitas veces están colocadas de modo tan rígido, tieso y mecánico como si se hubiesen hecho con patrones.

Paralipómena, § 193, p. 480

~Iglesia anglicana~

No hay iglesia más oscurantista que la anglicana. Eso se debe a que en ninguna otra hay tan grandes intereses pecuniarios en juego: sus ingresos ascienden a cinco millones de libras esterlinas, unas 40 000 más que el resto del clero cristiano de ambos hemisferios en su conjunto. Por otra parte, resulta doloroso ver a esta nación, superior en inteligencia a todas las demás, sistemáticamente entontecida por la más degradante fe de carbonero. En Inglaterra no hay ministerio de educación pública, y ese es el origen del mal. De ese modo, la educación ha estado siempre en manos del clero, el cual ha puesto los medios para que dos tercios de la nación no aprendan a leer ni a escribir, e incluso, en ocasiones, ha tenido la osadía de arremeter de la forma más ridícula contra la ciencia. Es, por tanto, deber de todos buscar la manera de que, en lo posible, la luz, la ilustración y la ciencia vayan introduciéndose en Inglaterra, a fin de que sus curas, los más cebados de cuantos se conocen, se vean obligados a abandonar su oficio.

Bosquejo, p. 25 y s.

~Imitación~

La estrella polar por la que se rige la mayoría de los hombres es el ejemplo de los demás, y toda su conducta en lo grande y en lo pequeño se reduce a mera imitación: no hacen ni lo más mínimo siguiendo su propio criterio. La causa de ello es su miedo a toda, absolutamente toda forma de reflexión, junto con la justificada desconfianza que les merece su propio juicio. Al mismo tiempo, este instinto imitativo del hombre, tan llamativamente fuerte, da buena prueba de su parentesco con el mono.

Paralipómena, § 127, p. 296

~Inanidad de la vida~

La cumbre de esa escala [la formada por los distintos tipos de seres vivos] está ocupada por el hombre, cuya existencia tiene también un comienzo, en su transcurso muchos y grandes sufrimientos, pocas y breves alegrías, y enseguida, como todas las demás cosas, un final, tras el cual es como si nunca hubiese existido.

Paralipómena, § 27, p. 44 y s.

~Inclinaciones de los hombres~

La *gran mayoría de los hombres* están constituidos de tal modo que lo único que su naturaleza les lleva a tomar en serio es comer, be-

ber y aparearse. Cuanto las escasas naturalezas más elevadas han traído al mundo, sea como religión, ciencia o arte, es utilizado por esa mayoría inmediatamente como un instrumento para sus bajos fines, concretamente de manera que la mayor parte de las veces hacen de ello una máscara.

Paralipómena, § 50, p. 84 y s.

Los pensamientos y acciones de la mayor parte de los hombres se agotan por entero en su búsqueda del placer y el bienestar físico o en sus intereses personales, cuya esfera con frecuencia comprende muchas cosas distintas, si bien todas ellas solo cobran importancia por su relación con las primeras: no van más allá. De todo esto dan buena prueba no solo el tipo de vida que llevan y su conversación, sino incluso ya su mero aspecto externo, su fisonomía y su expresión, su forma de andar, sus gestos: todo en ellos está gritando: *In terram prona!* [inclinados a la tierra] (cfr. Salustio, *Catilina*, cap. I).

Paralipómena, § 334, p. 700

~Inconsciencia del vulgo~

Piénsese en un descargador de Nápoles o Venecia (en el norte la preocupación por el invierno hace a los hombres ya más reflexivos y por tanto proclives al uso de su intelecto) y échese una mirada general a toda su vida, desde su comienzo hasta su fin. Empujado por la precariedad y teniendo que contar para todo con su propia fuerza física; satisfaciendo las necesidades de cada día, incluso de cada hora, mediante el trabajo; mucho esfuerzo; constante tumulto; diversos aprietos, pero sin preocupación por el mañana; agradable descanso tras el agotamiento; frecuentes disputas con otros; ni un instante para pensar; bienestar sensible en un clima suave y con alimentación pasable; finalmente, como elemento metafísico, un poco de crasa superstición suministrada por la Iglesia: en conjunto, un ir tirando, o más bien ser tirado, caracterizado por el embotamiento y la insensibilidad. En este intranquilo y confuso sueño es en lo que consiste la vida de muchos millones de hombres.

Paralipómena, § 333, p. 698

~Independencia de las mujeres~

Que la mujer está destinada por su naturaleza a obedecer se advierte en que toda aquella que se ve en la antinatural situación de completa independencia se une enseguida a un hombre por el que se deja dirigir y dominar, pues necesita un señor. Si es joven, se tratará de un amante; si es vieja, de un confesor.

Paralipómena, § 371, p. 734 y s.

~Infierno~

Tomado *sensu proprio*, el dogma [agustiniano de la predestinación] resulta indignante en este punto [en lo referente a la doctrina del infierno]. Pues no solo hace expiar con torturas sin término, mediante las penas eternas del infierno, los tropiezos o incluso la falta de fe de una vida que con frecuencia apenas dura veinte años, sino que a ello se añade que esta condenación casi universal es en realidad efecto del pecado original, y por tanto consecuencia necesaria de la primera caída. En todo caso, esta hubiese tenido que ser prevista por *aquel* que primero no creó a los hombres mejores de lo que son, y que después les tendió una trampa en la que tenía que saber que caerían, pues todo eso era obra suya y nada quedaba oculto a sus ojos.

Paralipómena, § 177, p. 431

~El infierno como venganza~

El Dios que ordena la indulgencia y el perdón de toda culpa hasta llegar al amor al enemigo no los practica él mismo, sino que más bien cae en lo contrario, puesto que un castigo que se impone al final de las cosas, cuando ya todo es agua pasada, no puede tener por finalidad la enmienda del pecador ni tampoco la prevención del pecado mediante la amenaza con el castigo, por lo que es mera venganza.

Paralipómena, § 177, p. 431

~Ingleses~

Entre cincuenta ingleses apenas se encontrará uno que asienta cuando, con el debido desprecio, se hable de la estúpida y degradante beatería de su nación: ese suele ser un hombre con cerebro.

Aforismos, p. 430

A fuer de inglés, ese autor [el de una obra de biología materialista] considera equivalente toda suposición que vaya más allá de la mera física, que sea por tanto *metafísica*, con el teísmo hebreo, y queriendo evitar este último extiende indebidamente el campo de la *física*. Un inglés como ese, en su completa ignorancia y tosquedad en lo tocante a todo tipo de filosofía especulativa o metafísica, es incapaz de cualquier acercamiento *intelectual* a la naturaleza, por lo que no admite nada intermedio entre una concepción de la naturaleza como obediente a una legalidad estricta, a ser posible mecánica, y la que la considera el artificial resultado de un proceso de fabricación pensado con anterioridad por el Dios hebreo, del que dice que es su *maker* [hacedor].

Paralipómena, § 91, p.183

~Los ingleses y el descanso dominical~

En el continente, cuando los ingleses dotados de cierta cultura nos salgan con su superstición del descanso dominical —de origen judío, por cierto— y con sus demás estúpidas beaterías, hemos de mofarnos de ellos abiertamente, *until they be shamed into common sense* [hasta que la vergüenza les haga recuperar el sano juicio]. Es un escándalo para Europa y no podemos tolerarlo ni un minuto más.

Bosquejo, p. 26

~Los ingleses y la gesticulación~

Los ingleses muestran un peculiar desprecio por la gesticulación, y la consideran indigna y vulgar, lo que no me parece ser otra cosa que uno más de los necios prejuicios de la mojigatería inglesa. Pues se trata del lenguaje que la naturaleza nos enseñó a todos y que todos comprendemos, por lo que abolirlo y mirarlo con malos ojos sin más, meramente por mor de la tan cacareada *gallantry*, podría no estar exento de riesgos.

Paralipómena, § 361, p. 718

~Insensibilidad estética~

Llegar a ser puro sujeto de conocimiento significa librarse de sí mismo, pero como la mayor parte de los hombres no pueden hacerlo, por regla general son incapaces de una captación puramente objetiva de las cosas, que es en lo que consiste el don peculiar del artista.

Paralipómena, § 205, p. 491

~Los intereses de las mujeres~

Ni para la música, ni para la poesía ni para las artes plásticas tienen las mujeres real y verdadera sensibilidad y receptividad. (...) Su propia naturaleza las lleva a considerar todo como un mero medio para ganar al varón, y su interés en cualquier otra cosa distinta de esa es solo simulado, un mero rodeo, y en el fondo mera coquetería e imitación simiesca.

Paralipómena, § 369, p. 726

~Judaísmo~

Lo esencial de una religión en cuanto tal consiste en el convencimiento que nos da de que nuestra auténtica existencia no se reduce a esta vida, sino que es infinita. Pero la miserable religión judía no nos proporciona tal cosa; es más, ni siquiera lo pretende. Por ello es la más tosca y la peor de todas las religiones. Consiste, únicamente, en un absurdo e indignante teísmo que acaba diciendo, en definitiva, que el κυριός [Señor] que creó el mundo quiere ser venerado. Se trata, por tanto, de un dios celoso de todas las cosas y envidioso de sus compañeros, el resto de los dioses; si se les ofrecen sacrificios, monta en cólera y la toma con sus judíos.

Fragmentos, p. 158

Es lamentabilísimo que el judaísmo se convirtiera en el fundamento de la religión dominante en Europa, pues se trata de una religión carente de cualquier dimensión metafísica. Mientras que el resto de las religiones, sin excepción alguna, tratan de transmitir al pueblo el significado metafísico de la vida mediante alegorías e imágenes, la religión judía es totalmente inmanente, y no transmite más que un grito de guerra que llama a la lucha contra otros pueblos.

Fragmentos, p. 158

~El judaísmo y los animales~

El mencionado error básico [considerar al hombre como esencialmente distinto del animal] es una consecuencia de la creación de la nada, según la cual el creador (capítulos 1 y 9 del Génesis) entrega todos los animales al hombre, igual que si fuesen cosas y sin encargarle que les dé un buen trato, para que ejerza su *dominio* sobre ellos, esto es, para que haga con ellos lo que mejor le parezca; a continuación (en el segundo capítulo) el creador designa al hombre como el primer catedrático de zoología al asignarle la misión de dar a los animales los nombres que en lo sucesivo llevarán, lo cual no es a su vez más que otro símbolo de su total dependencia del hombre, es decir, de su carencia de derechos. (...) En todas estas historias percibo un claro *foetor iudaicus* [tufillo judío].

Paralipómena, § 177, p. 438

Hace falta estar ciego en todos los sentidos o completamente clo-roformizado por el *foetor iudaicus* para no ver que en lo esencial y principal el *animal* es enteramente lo mismo que nosotros, y que la diferencia reside meramente en lo accidental, en el intelecto, y no en la sustancia, que es la voluntad. El mundo no es fruto de una chapuza, y los animales no son un producto fabricado para nuestro uso. Semejantes doctrinas deberían quedar circunscritas a las sinagogas y a los auditorios filosóficos, que en lo esencial no son tan distintos de ellas.

Paralipómena, § 177, p. 443

~Judaísmo y creacionismo~

Un dios Jehová, que *animi causa* [por placer] y de *gaieté de coeur* [con ánimo alegre] crea este mundo de la necesidad y la desgracia, y luego incluso se aplaude a sí mismo con aquello de Πάντα καλὰ λίαν [vio que todo era bueno][7]: esto es insoportable. Vemos que a este respecto la religión de los judíos ocupa el rango más bajo entre las doctrinas de fe de los pueblos civilizados, lo que está en entera consonancia con el hecho de que es también la única que carece por completo de una doctrina de la inmortalidad, e incluso de toda vislumbre de ella.

Paralipómena, § 156, p. 354 y s.

---

[7] Cfr. Génesis, I, 31 (*Nota del editor alemán.*)

~Judíos~

Es de justicia que los judíos disfruten de los mismos derechos civiles que los demás ciudadanos, pero darles parte en el Estado es absurdo: son y serán siempre un pueblo oriental extranjero, por lo que no deben tener otra consideración que la de extranjeros residentes. Cuando, hace alrededor de 25 años, se debatió en el parlamento inglés acerca de la emancipación de los judíos, un orador planteó el siguiente caso hipotético: un judío inglés va a Lisboa, donde encuentra a dos hombres sumidos en la más extrema necesidad, pero solo está en su mano salvar a *uno* de ellos. No conoce a ninguno de los dos; ahora bien, uno es inglés, pero cristiano, y el otro portugués, pero judío. ¿A cuál salvará? No creo que ningún cristiano inteligente ni ningún judío sincero tenga dudas sobre la respuesta. Pues bien, esa respuesta nos da la pauta para determinar qué derechos han de concederse a los judíos.

Paralipómena, §132, p. 312

~Los judíos y su concepción de la naturaleza~

Es patente que ha llegado el momento de acabar en Europa con la concepción judía de la naturaleza, al menos en lo que respecta a los animales, y de que *el ser eterno que vive en nosotros igual que en todos los animales* sea reconocido, protegido y respetado como tal. ¡Sabedlo, tenedlo en cuenta! Va en serio y no quito ni una tilde, y me da igual que cubráis toda Europa de sinagogas.

Paralipómena, § 177, p. 443

~Los judíos y los demás pueblos~

Vemos en las obras de diversos historiadores romanos cómo en todas las épocas los judíos han provocado la repugnancia y el desprecio de los demás pueblos: en parte puede que ello se deba a que eran el único pueblo de la Tierra que no atribuye al hombre existencia alguna después de esta vida, por lo que se les consideraba como ganado, como un desecho de la humanidad, pero también como grandes maestros en el arte de mentir.

Paralipómena, § 174, p. 421

~Los judíos y Nabucodonosor~

Por lo demás, la impresión que me ha dejado el estudio de los Setenta[8] es un entrañable amor y una cordial veneración por el μέγας βασιλευς Ναβουχοδονόσορ [el gran rey Nabucodonosor], si bien procedió con demasiada suavidad con un pueblo que gastaba un Dios que le regalaba o prometía las tierras de sus vecinos, con cuya posesión se hacía acto seguido mediante el robo y el asesinato, edificando después en ellas un templo a ese Dios. ¡Ojalá que todo pueblo que tenga un Dios que convierta a los países vecinos en otras tantas «Tierras Prometidas» encuentre a tiempo su Nabucodonosor, y además su Antíoco Epífanes, y que estos no se anden con contemplaciones con él!

Paralipómena, § 174, p. 422

---

[8] Célebre traducción del Antiguo Testamento al griego realizada en Alejandría, en el siglo III a. de C., por un grupo de aproximadamente setenta eruditos judíos. (*Nota de los traductores.*)

~Juego de naipes~

En todos los países, los juegos de cartas se han convertido en la principal actividad social, lo que indica el valor de esas sociedades y representa el acta de defunción de todo pensamiento. Como no tienen ideas que intercambiar, se intercambian naipes y tratan de sacarse los cuartos. ¡Qué raza deplorable!

Aforismos, p. 396

~Juicio propio~

De ese fenómeno [que el vulgo solo reconozca la valía del genio por un argumento de autoridad] tenemos que consolarnos pensando que es una gran suerte que la mayoría de los hombres *no* juzguen por sus propios medios, sino solamente basándose en la autoridad ajena. Pues ¿qué juicios pronunciarían sobre Platón y Kant, sobre Homero, Shakespeare y Goethe, si cada uno juzgase ateniéndose a lo que realmente saca y disfruta de ellos, y no sucediese más bien que es el peso de la autoridad lo que les hace decir lo conveniente, por poco que en el fondo así lo piensen? Si no fuese por eso, el verdadero mérito en las cosas de cierta elevación no podría obtener fama alguna.

Paralipómena, § 241, p. 542

~Jurado popular~

El jurado popular (...) es el peor de todos los tribunales penales, pues en vez de jueces doctos y experimentados, que han echado canas desarmando diariamente las tretas y fintas de ladrones, asesinos y granujas, y que, de esa manera, han aprendido a descubrir las claves de cada caso, son ahora el compadre sastre y el compadre guantero quienes se ponen a impartir justicia. Y con su entendimiento tosco, grosero, torpe y poco ejercitado, ni siquiera acostumbrado a mantener por unos minutos fija la atención, tratan de desentrañar la verdad oculta dentro de una maraña de engaños y apariencias, mientras siguen a la vez pensando en sus paños y en sus cueros y están deseando regresar a casa. Y, para colmo, como carecen de cualquier concepto claro sobre la diferencia entre probabilidad y certeza, lo que hacen en sus estúpidas cabezas es una especie de *calculus probabilitatis*, y con arreglo a ello deciden con toda tranquilidad sobre la vida de otras personas.

Paralipómena, § 127, p. 305

~Kant y su doctrina del Derecho~

La única explicación que encuentro al singular encadenamiento de errores en que consiste toda su doctrina del Derecho es la debilidad senil de Kant. Esto explicaría también su pretensión de fundar el derecho de propiedad en el primer acto de posesión. Pues ¿cómo una mera declaración de mi voluntad podría crear automáticamente un *derecho* que me autoriza a excluir a los demás del uso de algo?

El mundo, I, p. 459 y s.

~Lectores~

Dice Lichtenberg: «Cuando un libro golpea contra una cabeza y suena a hueco, ¿la culpa es siempre del libro?».

Aforismos, p. 471

~Lectura excesiva~

Leer *mucho* priva al espíritu de toda elasticidad, al igual que la presión continua de un peso se la quita a un resorte, y el medio más eficaz para no tener ideas propias es abrir un libro tan pronto dispongamos de un minuto de ocio. Así es como la erudición hace a la mayoría de las personas aún más aburridas y necias de lo que lo son ya por su propia naturaleza.

Paralipómena, § 258, p. 578

Leer es un mero sucedáneo del pensamiento por cuenta propia. Se deja a otro que guíe nuestro propio pensamiento como con un andador. Además, muchos libros solamente sirven para mostrar cuántos caminos errados hay y qué tristemente nos perderíamos si nos dejásemos llevar por ellos. (...) Ahuyentar los propios pensamientos originales para abrir un libro es un pecado contra el Espíritu Santo. Nos parecemos entonces a quien huye del campo y del aire libre para hojear un herbario o para contemplar bellos paisajes en un grabado.

Paralipómena, § 260, p. 579

~Leibniz~

Hay una buena razón para que los profesores de filosofía se empeñen en rehabilitar a Leibniz y sus patrañas por todos los medios, enalteciéndolo incluso, mientras que menosprecian a Kant y lo apartan a un lado: el *primum vivere*. La *Crítica de la razón pura* no permite que se haga pasar mitología judía por filosofía, ni que se hable sin reparos del «alma» como una realidad incuestionable, como si fuera algo cognoscible y bien acreditado, sin necesidad de dar cuentas de cómo se ha llegado a ese concepto y de la justificación para utilizarlo científicamente. Pero *primum vivere, deinde philosophari*. ¡Abajo con Kant! ¡Viva nuestro Leibniz! Si lo comparamos con Kant, Leibniz es tan solo una miserable lucecilla. Kant es un gran hombre al que la humanidad debe verdades perennes, y uno de sus méritos ha sido precisamente librar para siempre al mundo de Leibniz y de sus patrañas de la armonía preestablecida, las mónadas y la *identitas indiscernibilium* [identidad de los indiscernibles].

Naturaleza, p. 313

En esa sucesión de extrañas doctrinas dogmáticas [las leibnizianas], lo que apreciamos no es otra cosa que una cadena de ficciones, cada una apoyada en otra; al igual que en la vida cotidiana cada mentira que se dice hace necesarias muchas otras.

Fragmentos, p. 98

~Lenguas y progreso~

Como es sabido, desde el punto de vista gramatical las lenguas son más perfectas cuanto más antiguas. Y poco a poco van yendo a peor: desde el elevado sánscrito hasta la jerga inglesa, ese ropaje para las ideas que ha sido confeccionado recosiendo retales de los géneros más dispares. Esa paulatina degradación es un poderoso argumento contra las teorías que hablan del «constante progreso de la humanidad», y de las que tanto gustan nuestros optimistas, quienes con una media sonrisa tergiversan la deplorable historia de la especie bípeda.

Paralipómena, § 298, pp. 663 y s.

~Ley sálica~

La ley sálica, un superfluo *truism* [una verdad que cae por su propio peso], no debería ser ni siquiera necesaria.

Paralipómena, § 369, p. 729

~Libros~

El número de los libros que se escriben en cada lengua puede que esté con los que llegarán a formar parte de su auténtica literatura perenne aproximadamente en la proporción de cien mil a uno.

Paralipómena, § 242, p. 558

~Libros de libros~

Solo quien saca lo que escribe directamente de su propia cabeza merece ser leído. Pero los hacelibros, los escritores de compendios, los historiadores al uso, etc., toman el contenido directamente de otros libros: de estos pasa a los dedos, sin haber pagado derechos de aduana ni haber sido sometido a un registro en la cabeza, y, menos aún, sin haber experimentado reelaboración de ninguna clase. (¡Cuán erudito sería más de uno con solo que supiese lo que está en sus propios libros!). Por ello su cháchara tiene frecuentemente un sentido tan indeterminado que en vano se rompe uno la cabeza para averiguar *qué* es lo que en el fondo piensan. Y es que sencillamente no piensan. El libro del que han copiado ha sido redactado en ocasiones de la misma manera, de modo que a los libros así escritos les pasa lo que a las copias en escayola de copias de copias, etc., donde a la postre quedan solo del Antínoo los rasgos reconocibles de un rostro.

Paralipómena, § 273, p. 591

~Libros malos~

Si la gente fuera consciente de esto [de que los dones intelectuales no están repartidos por igual, y de que unos están capacitados para unas cosas pero no para otras], no desperdiciarían el escaso tiempo de que disponen para su educación con las chapuzas que en poesía y filosofía las cabezas vulgares incuban a todas horas. No irían siempre a la carrera para hacerse con el último libro publicado, creyendo que los libros son como los huevos, mejores cuanto más frescos. Se ocuparían, por el contrario, de las obras de los pocos autores escogidos y competentes de toda época y lugar. Tratarían de conocerlos y comprenderlos, y así, poco a poco, se harían con una auténtica formación. De este modo, pronto desaparecería ese montón de libracos que, como las malas hierbas, impide que crezca el trigo.

El mundo, II, p. 189 y s.

~Literatura alemana~

Sería para alegrarse si el plagio fuera la improbidad mayor que azota a la literatura alemana, pero las hay mucho más perniciosas y de más calado, frente a las cuales el plagio es lo que el hurto de una cartera a un asesinato. Me refiero a ese espíritu bajo e indigno que lleva a buscar no la verdad, sino el interés personal, y que hace que bajo la máscara del conocimiento sean deseos particulares los que hablen[9]. La hipocresía y la demagogia están a la

---

[9] El autor juega aquí con las palabras *Einsicht* (inteligencia, penetración, conocimiento) y *Absicht* (intención, propósito, deseo). (*Nota de los traductores.*)

orden del día, la santurronería no necesita disfrazarse siquiera y en los foros dedicados a la ciencia resuenan sermones frailunos.

Naturaleza, p. 335 y s.

~Literatura alemana medieval~

En los *institutos de bachillerato* no se debería enseñar la vieja literatura alemana, el cantar de los *Nibelungos* y los demás poetas medievales: esas cosas son sin duda sumamente curiosas, y dignas de lectura, pero no contribuyen a formar el gusto, y roban el tiempo que se debe dedicar a la literatura antigua, que es la realmente clásica. Si vosotros, nobles germanos y patriotas alemanes, ponéis en el lugar de los clásicos griegos y romanos viejos poemuchos alemanes, no educaréis otra cosa que auténticos mastuerzos. Y llegar a comparar esos *Nibelungos* con la *Ilíada* es una auténtica *blasfemia*, de la que deben quedar protegidos sobre todo los oídos de la juventud.

Paralipómena, §191, p. 479

~Lógica hegeliana~

Aquí [en la sección *Física,* § 293, de la *Enciclopedia de las ciencias filosóficas,* de Hegel] el *summus philosophus* de la Academia Danesa[10] hace el siguiente razonamiento: «Si en un momento dado una vara apoyada sobre su centro de gravedad se vuelve más pesada en uno de sus lados, se inclinará hacia dicho lado. Una vara de

---

[10] Véase nota 1, p. 38.

hierro, tras haber sido magnetizada se inclina hacia un lado, luego se ha vuelto más pesada en dicho lado». Una digna analogía para semejante razonamiento es la siguiente: «Todos los gansos tienen dos piernas, tú tienes dos piernas, luego tú eres un ganso[11]». Pues, formulado en forma de silogismo categórico, el razonamiento hegeliano dice así: «Todo lo que se vuelve más pesado en uno de sus lados, se inclina hacia dicho lado. Esta vara magnetizada se inclina hacia un lado, luego se ha vuelto más pesada en dicho lado». Así es la silogística de este *summus philosophus*, reformador de la lógica, al que por desgracia alguien debe de haber olvidado enseñarle que *e meris affirmativis in secunda figura nihil sequitur* [en un silogismo de la segunda figura, de dos premisas afirmativas no es posible extraer ninguna conclusión]. Pero en realidad es la lógica natural la que impide a cualquier recto y sano entendimiento extraer tales conclusiones, y su ausencia tiene un nombre: irracionalidad.

Ética, p. 498

~Lutero como traductor~

El estilo de los Setenta[12] es la mayor parte de las veces noble a la par que sencillo y natural, y tampoco tiene nada eclesiástico y ni el menor asomo de lo típicamente cristiano: comparado con él, la traducción de Lutero de la Biblia no solo resulta tan vulgar como beata, sino que con frecuencia es incorrecta —en ocasiones

---

[11] Téngase en cuenta que en alemán hay un solo término, *Beine*, para designar «pata» y «pierna». De ahí que, a fin de que el silogismo mantenga su validez, hayamos traducido «piernas» en ambos casos. (*Nota de los traductores.*)

[12] Váse nota 8, p. 142.

quizá a propósito— y presenta en general un tono enteramente eclesiástico y edificante.

Paralipómena, § 174, p. 422

~Mala conciencia de la religión~

Qué mala conciencia tiene sin duda la religión se echa de ver en la gravedad de las penas con las que se prohíben las burlas contra ella.

Paralipómena, § 181, p. 464

~Malos tratos a los animales~

El hombre, egoísta y duro de corazón como es, abusa de los animales de tal manera que frecuentemente no les concede otra cosa que la mera y desnuda existencia: ¡al pájaro, que está constituido por la naturaleza para recorrer medio mundo, lo encierra en un espacio de un pie cúbico, en el que grita anhelando la muerte:

> ... *l'uccello nella gabbia*
> *canta non di piacere, ma di rabbia*
>
> [el pájaro en la jaula canta no de placer, sino de rabia (refrán italiano)]

y a su más fiel amigo, al tan inteligente perro, lo ata con una cadena!

Paralipómena, § 153, p. 350

Véase la maldad, que clama al cielo, con la que nuestro populacho cristiano trata a los animales, los mata, mutila o martiriza sin finalidad alguna y riéndose, e incluso a aquellos de los que directamente obtiene el sustento, a sus caballos, los cansa todo lo que puede, exprimiendo de ellos hasta la médula de sus pobres huesos, de modo que acaban por sucumbir a sus malos tratos. Verdaderamente dan ganas de decir que los hombres son los demonios de la tierra, y los animales las almas por ellos atormentadas.

Paralipómena, § 177, p. 439

~La masa y sus dirigentes~

El gran rebaño del género humano tiene necesidad en todo tiempo y lugar de dirigentes, guías y consejeros de los más variados tipos, según los distintos asuntos de que se trate en cada momento: tales son los jueces, los gobernantes, los generales, los funcionarios, los sacerdotes, los médicos, los eruditos, los filósofos, etc. Todos ellos tienen el cometido de conducir por el laberinto de la vida a esta especie, cuyos miembros son, en la mayor parte de los casos, tan incapaces como malos.

Paralipómena, § 125, p. 293

~Masificación de la universidad~

Para mejorar la *calidad* de los estudiantes reduciendo a la vez la *cantidad* de los mismos, ya excesiva, debería estar dispuesto por la ley que nadie pueda entrar en la universidad antes de haber cumplido los veinte años y de haber aprobado un *examen rigorosum* en las dos lenguas antiguas.

Paralipómena, § 256, p. 574

~Las matemáticas~

Que la más baja de todas las actividades intelectuales es la aritmética se demuestra en que es la única que también puede ser desarrollada por una máquina, y de hecho, por razones de comodidad, en la actualidad ya se usan frecuentemente en Inglaterra máquinas de calcular. (...) Téngase esto en cuenta para valorar la «profundidad matemática», de la cual ya Lichtenberg se ríe cuando dice: «Los llamados matemáticos profesionales, apoyándose en la inmadurez del resto de los hombres, han adquirido una fama de ser profundos que guarda un gran parecido con la de santidad de la que disfrutan los teólogos» [*Escritos varios*, I, p. 198].

Paralipómena, § 356, p. 714

~Materialismo~

Que el mundo tiene un significado meramente físico, y que carece de significado moral, es el mayor error, el más pernicioso y fundamental, la genuina *perversión* de la conciencia. Bien puede que en el fondo sea esto lo que la fe ha personificado en la figura del Anticristo. Sin embargo, y pese a que todas las religiones afirman lo contrario —y, a su manera, mediante mitos, tratan de explicarlo—, ese error fundamental nunca desaparece por completo, sino que de cuando en cuando vuelve a asomar la cabeza, hasta que la general indignación le fuerza de nuevo a esconderse.

Paralipómena, § 109, p. 238 y s.

~Materialistas~

Investigarlas [las acciones que llevarán a cabo los individuos cuando concurren determinados motivos] es algo distinto de conocer las propiedades de una solución salina para luego predecir sus reacciones. No me cansaré de repetirlo, debido a los ignorantes y estúpidos que, despreciando las unánimes enseñanzas de tantos grandes hombres, tienen el descaro de sostener lo contrario, todo en aras de su filosofía de costureras. Yo no soy ningún profesor de filosofía que tenga la necesidad de hacer reverencias ante las simplezas de los demás.

Raíz, p. 183

Esta gente que ha hecho muchos experimentos y que ha pensado poco, y que por tanto son realistas del tipo más burdo de la más burda clase, considera la materia y las leyes que rigen los choques entre las partículas como algo dado absolutamente y comprensible de punta a cabo, por lo que remitir todo a ellas le parece una explicación enteramente satisfactoria, mientras que en realidad esas propiedades mecánicas de la materia son igual de misteriosas que las que se trata de explicar tomándolas como base: por ejemplo, no comprendemos mejor la *cohesión* que la luz o la electricidad.

Paralipómena, § 77, p. 134

~Los materialistas y el organismo animal~

En el organismo animal actúan fuerzas físicas y químicas, pero lo que las mantiene unidas y las guía, de modo que de ellas resulta un organismo concebido con arreglo a fines y capaz de subsistir, es la fuerza vital: esta es la que domina esas fuerzas y modifica sus efectos, que aquí no son, por tanto, más que algo subordinado. En cambio, creer que por sí mismas pueden producir un organismo, no es una mera equivocación, sino también una necedad.

Paralipómena, § 94, p. 192

~Matrimonio~

Para lograrlo [que, a cambio de las relaciones sexuales, el hombre se comprometa a cuidar de la mujer y de los hijos], el sexo femenino ha de mantenerse unido, mostrando un *esprit de corps*. Como, por su superioridad física e intelectual, la naturaleza ha puesto al sexo masculino en posesión de todos los bienes terrenos, las mujeres cierran filas y forman una piña para enfrentarse a ese su enemigo común, el cual ha de ser vencido y conquistado, para que así, poseyéndolo a él, ellas accedan a la posesión de los bienes terrenos. Debido a esto, la máxima del honor de todo el sexo femenino es que los hombres renuncien a toda relación sexual extramatrimonial. Así, se verán obligados a contraer matrimonio, que es una especie de capitulación, y de ese modo se proveerá de lo necesario al sexo femenino en su conjunto.

Aforismos, p. 437 y s.

~Matrimonio morganático~

En último término, el matrimonio morganático, contraído a pesar de todas las condiciones externas, es una concesión que se hace a las mujeres y a los curas, dos clases a las que en lo posible hay que evitar hacer concesión alguna.

Aforismos, p. 439

~Los médicos y la experimentación con animales~

Hoy en día todo medicucho se considera autorizado a infligir en su cámara de torturas los más crueles martirios a los animales, con la finalidad de resolver problemas cuya solución está desde hace mucho en los libros, solo que él es demasiado perezoso e ignorante para meter su nariz en ellos. Nuestros médicos ya no tienen la formación clásica de antaño, que les proporcionaba una cierta humanidad y un barniz de nobleza. Ahora van lo antes que pueden a la universidad, donde únicamente quieren aprender a poner emplastos para así prosperar en la vida.

Paralipómena, § 177, p. 441

~Mediocres~

La envidia es el alma de la floreciente coalición que todos los mediocres forman por doquier, tácitamente y sin necesidad de acuerdo expreso, contra el individuo excelente en cada género. A alguien que sea excelente nadie lo quiere ver en su esfera de acción, sino que *Si quelqu'un excelle parmi nous, qu'il aille exceller ailleurs* [Si alguien sobresale entre nosotros, que se vaya a sobresalir a otro sitio (Helvecio)] es en todas partes la divisa unánime de la mediocridad.

Paralipómena, § 242, p. 543

~Mediocridades universitarias~

Como este mundo está plagado de mediocridades, no cabiendo esperar otra cosa, si tenemos en cuenta que a estas se las puede conseguir con dinero, comprenderemos que también en este terreno hay que resignarse. Así es como vemos en todas las universidades alemanas a nuestras queridas mediocridades trabajando sin descanso para alumbrar, por sus propios medios, una filosofía totalmente nueva; eso sí, dentro de unos límites y con vista a unos fines prescritos de antemano. Un panorama tal que hacer mofa de él sería casi una crueldad.

El mundo, I, p. 16 y s.

~La memoria~

Con la propia memoria se debe proceder rigurosa y despóticamente, para así enseñarle a obedecer. Por ejemplo, cuando no logremos recordar un asunto, un verso o una palabra, no debemos buscarlo en los libros, sino atormentar periódicamente a la memoria con ello, durante semanas enteras, hasta que haya cumplido su obligación.

Paralipómena, § 37, p. 64

~Mendacidad femenina~

Dado que, al ser más débiles, por su propia naturaleza se ven obligadas a recurrir no a la fuerza, sino a la astucia, las mujeres poseen una instintiva malicia y una inextirpable tendencia a mentir. (...) El disimulo les es innato, por lo que se da casi tanto en la mujer necia como en la inteligente. Hacer uso de él en toda ocasión les es tan natural como a los animales el empleo de sus armas de ataque, y cuando así lo hacen piensan en cierto modo que están ejerciendo un derecho. Por ello, quizá sea imposible encontrar una mujer enteramente veraz e indisimulada.

Paralipómena, § 366, p. 723

~Mentes vulgares~

Lo que realmente les falta a las inaguantables mentes cotidianas de las que el mundo está lleno hasta reventar son dos capacidades estrechamente emparentadas entre sí, a saber, la de juzgar y la de tener ideas propias. Pero ambas les faltan en un grado del que quien no se cuenta entre ellas no puede hacerse idea fácilmente, y por ello tampoco de la tristeza de su existencia, del *fastidio sui, quo laborat omnis stultitia* [repugnancia de sí misma que aflige a toda necedad]. De ahí se explica (...) la suerte que corre lo auténtico y verdadero cuando aparece entre semejante gente. Toda literatura y pensamiento reales son en cierto modo un intento de ponerle a gente pequeña una cabeza grande: nada tiene de particular que semejante empeño difícilmente salga bien.

Paralipómena, § 48, p. 77 y s.

~Méritos ajenos~

En lo tocante a los méritos solo hay dos maneras de comportarse: o bien tenerlos uno mismo, o bien no reconocerlos en los demás. La segunda es la que, por su mayor comodidad, se prefiere la mayor parte de las veces.

Paralipómena, § 242, p. 543

~Méritos y reconocimiento~

Los méritos intelectuales están sometidos a la desventura de que tienen que esperar a que alaben lo bueno quienes por sí mismos no producen más que cosas malas; incluso ya es una desgracia que tengan que recibir sus coronas de manos de la capacidad de juzgar humana, de la que los más tienen tanta como los castrados capacidad de engendrar.

Paralipómena, § 239, p. 535

[La Historia debería reflejar] la lucha interminable que lo bueno y auténtico de todas las épocas y países tiene que afrontar contra lo malo y torcido que predomina en cada momento; el martirio sufrido por casi todas las verdaderas lumbreras de la humanidad, por casi todos los grandes maestros en todas las actividades y artes; cómo, salvo pocas excepciones, han pasado su vida atormentados por la pobreza y la miseria, sin reconocimiento, sin despertar interés, sin discípulos, mientras que a sus colegas que nada valían se les tributaba fama, honra y riqueza, de modo que les pasó lo que a *Esaú*, a quien, mientras él cazaba y cobraba piezas para su padre, *Jacob* le robaba en casa la bendición paterna disfrazado con sus ropas.

Paralipómena, § 297, p. 662

~Método hegeliano~

Si se quiere alguna prueba de ello [de cómo se difunden errores que echan a perder el sano juicio], tráigase ante la vista el espantoso ejemplo de la *hegelianería,* esa impúdica seudosabiduría que estableció como método filosófico, en lugar de la reflexión e investigación juiciosas y honestas, el «automovimiento dialéctico de los conceptos», es decir, un *autómata pensante* objetivo que, libre en el aire o en el empíreo, va haciendo cabriolas, y cuyo rastro y huella en la tierra serían las escrituras de Hegel y los hegelianos: en realidad, un invento de cerebros romos y llenos de serrín, y que, lejos de ser lo absolutamente objetivo, se trata de algo en extremo subjetivo, y de sujetos muy mediocres, por cierto.

Universidad, p. 204 y s.

~Milagros~

Un milagro verdadero significaría que la naturaleza se desmiente a sí misma.

Paralipómena, § 179, p. 454

Los *milagros* de la Biblia pretenden probar la verdad de esta, pero producen el efecto contrario.

Los teólogos tratan de presentarnos los milagros bíblicos bien como alegorías, bien como hechos naturales, a fin de librarse de algún modo de ellos. Se han dado cuenta de que *miraculum sigillum mendacii* [el milagro es un signo en el que se reconoce la mentira].

Paralipómena, § 179, p. 454

~Misioneros~

Si consideramos cuán esencial es para inculcar la fe que esto se produzca en la más tierna infancia, las misiones ya no nos parecerán solamente la cumbre de la importunidad, de la arrogancia y de la impertinencia, sino también absurdas, a no ser que se limiten únicamente a pueblos que todavía se encuentran en el estado de *infancia*, como los hotentotes, los cafres, los habitantes de los mares del Sur y otros semejantes. Ahí es donde las misiones han tenido realmente éxito; mientras que, por el contrario, en la India, los brahmanes reciben las prédicas de los misioneros con una sonrisa de condescendencia o encogiéndose de hombros, y en general en este pueblo, a pesar de que las circunstancias son las más cómodas a tal efecto, los intentos de los misioneros por lograr su conversión han fracasado estrepitosamente.

Paralipómena, § 174, p. 386

Los gobiernos europeos prohíben todo ataque a sus respectivas *religiones nacionales*. Pero ellos mismos envían a países brahmánicos y budistas misioneros que atacan a conciencia las religiones del lugar para hacer sitio a la suya, traída de fuera. ¡Y todavía ponen el grito en el cielo cuando algún emperador chino o el gran mandarín de Tonkín le corta la cabeza a uno de esos tipos!

Paralipómena, § 181, p. 464

~Modas literarias~

¡Cuánto se parece *una* cabeza del montón a otra! ¡Cómo están todas sacadas *del mismo* molde! ¡Cómo en la misma ocasión a todas y cada una de ellas se les ocurre lo mismo, y nunca otra cosa distinta! A lo que hay que añadir la bajeza de sus intenciones personales. Y el indigno cotilleo de esa gentuza lo lee un público estúpido, con solo que esté impreso hoy, y deja a los grandes espíritus descansar en las estanterías.

Paralipómena, § 295a, p. 656

~Modernidad~

Podría caracterizarse el *espíritu de los antiguos* diciendo que constantemente y en todas las cosas se esforzaban por permanecer tan cerca de la naturaleza como fuera posible. Por contra, el espíritu de los nuevos tiempos se caracteriza por buscar el mayor alejamiento posible de la naturaleza. Basta comparar la ropa, las costumbres, los enseres, las vasijas, las viviendas, el arte, la religión y la forma de vida de antiguos y modernos.

Paralipómena, § 191, p. 478

~Modestia~

Goethe lo dijo sin rodeos: «Solo los miserables son modestos». Pero aún más acertado habría sido decir que quienes con tanta insistencia exigen a los demás modestia, diciendo constantemente: «¡Sea usted modesto, por el amor de Dios, sea usted modesto!», son unos auténticos miserables, es decir, infelices carentes de todo mérito, productos en serie de la naturaleza, auténticos integrantes de la morralla humana.

El mundo, II, p. 547

~Monjes~

En ninguna otra cosa la práctica se aleja tanto de la teoría como en el monacato, precisamente porque la idea en que se sustenta es tan sublime, y ya se sabe: *Abusus optimi pessimus* [Del abuso de lo mejor resulta lo peor]. Un auténtico monje es un ser dignísimo, pero en la mayoría de los casos el hábito es un mero disfraz, y el que lo lleva tiene tanto de monje como los que vemos así vestidos en una mascarada.

Paralipómena, § 168, p. 376

~La monogamia y la infelicidad de las mujeres~

Sobre la *poligamia* no cabe en modo alguno *discutir*, sino que se debe aceptar como un hecho que se da en todas partes, y de lo que se trata es meramente de *regularlo*. Pues ¿dónde hay realmente monógamos? Todos nosotros vivimos en la poligamia *al menos* durante un cierto tiempo, y en la mayor parte de los casos siempre. Dado que, en consecuencia, cada varón necesita muchas mujeres, es justo que se le permita velar por muchas mujeres, e incluso que se le obligue a hacerlo. De esa manera, la mujer volverá a su situación correcta y natural, la de un ser subordinado, mientras que la *dama*, este monstruo de la civilización europea y de la necedad cristianogermánica, con sus ridículas pretensiones de respeto y veneración, desaparecerá del mundo: solo habrá *mujeres*, y ya no más *mujeres infelices*, de las que Europa está llena en la actualidad. Los mormones tienen razón.

Paralipómena, § 370, p. 732

~Monogamia y prostitución~

Mientras que en los pueblos que practican la poligamia todas las mujeres encuentran amparo y sustento, en los monogámicos el número de las mujeres casadas es limitado, y queda sobrante un sinfín de mujeres desprotegidas, que en las clases altas vegetan como inútiles solteronas, pero que en las clases inferiores tienen que realizar trabajos desproporcionadamente duros o se convierten en mujeres de vida alegre. Estas últimas llevan una vida tan carente de alegría como de honra, pero en esas circunstancias resultan necesarias para la satisfacción de los varones, y por ello constituyen un estamento públicamente reconocido, cuya finalidad específica es salvar de ser seducidas a las mujeres favorecidas por el destino que han encontrado marido o que pueden esperar encontrarlo. Solo en Londres hay ochenta mil de ellas: (...) auténticas víctimas humanas sacrificadas en el altar de la monogamia.

Paralipómena, § 370, p. 730 y s.

~Monoteísmo~

En realidad, la intolerancia solamente es esencial en el monoteísmo: un Dios único es por su propia naturaleza un Dios celoso, que no concede el derecho a la vida a ningún otro.

Paralipómena, § 174, p. 422

~Muerte~

Para que el hombre disfrutara de un estado de felicidad no bastaría con que se le trasladara a un «mundo mejor», sino que sería preciso que también él experimentara una transformación radical; esto es, que dejara de ser lo que es y que, en cambio, fuera lo que no es. Pero, para ello, lo primero es que deje de ser lo que es. Este requisito se cumple de momento con la muerte, de lo que se deduce su necesidad moral.

El mundo, II, p. 629

~Las mujeres y el arte~

No cabe esperar de las mujeres otra cosa [que desinterés por el arte] cuando se considera que las cabezas más eminentes de su sexo nunca han sido capaces de un solo logro verdaderamente grande, auténtico y original en las bellas artes, y en general nunca han traído al mundo obra alguna de valor duradero.

Paralipómena, § 369, p. 726 y s.

~Las mujeres entre ellas~

Entre los varones reina por naturaleza la mera indiferencia, pero entre las mujeres hay ya por naturaleza enemistad. (...) Es patente que cuando dos mujeres se conocen adoptan una actitud mucho más forzada y falsa la una frente a la otra que dos varones en el mismo caso. Por esa misma razón los cumplidos entre mujeres resultan mucho más ridículos que entre varones.

Paralipómena, § 368, p. 725

~Las mujeres y los niños~

Las mujeres son idóneas como cuidadoras y educadoras de nuestra primera infancia precisamente porque ellas mismas son infantiles, bobas y de cortos alcances, en una palabra: son de por vida niños grandes, *una* especie de escalón intermedio entre el niño y el varón, el cual es la persona humana propiamente dicha.

Paralipómena, § 364, p. 720

Las mujeres son toda su vida niñas, solo tienen ojos para lo más cercano, se quedan pegadas a lo actual, toman las apariencias de las cosas por las cosas mismas y dan prioridad a pequeñeces sobre los asuntos más importantes.

Paralipómena, § 366, p. 721

~Las mujeres en Occidente~

Así [como inferiores] han visto los antiguos y los pueblos orientales a las mujeres, y por ello han reconocido cuál es la posición que les corresponde mucho más correctamente que nosotros con nuestra trasnochada galantería a la francesa y nuestra veneración de ellas, carente de todo gusto, que es el culmen y el *non plus ultra* de la estupidez cristianogermánica y que solo ha servido para hacer a las mujeres tan arrogantes y faltas de escrúpulos que a veces nos recuerdan a los monos sagrados de Benarés, que en la conciencia de su sacralidad e inviolabilidad se permiten todo.

Paralipómena, § 369, p. 728

~Las mujeres y la pintura~

Donde más llamativa resulta [la incapacidad artística de las mujeres] es en el campo de la pintura, ya que dominar los aspectos técnicos de esta última es para ellas tan factible como para nosotros, y por eso la cultivan con aplicación, pero sin embargo no pueden atribuirse ni una sola pintura grande, porque les falta precisamente toda objetividad del espíritu, que es precisamente lo que más se exige de la pintura: las mujeres están sumidas siempre en lo subjetivo.

Paralipómena, § 369, p. 727

~Las mujeres en el teatro~

Basta observar a qué y cómo prestan atención las mujeres en el concierto, en la ópera y en el teatro, es decir, la infantil despreocupación con la que durante los más bellos momentos de las mayores obras maestras continúan su cháchara. Si es realmente cierto que los griegos no permitían a las mujeres la entrada en el teatro, hacían muy bien: así al menos se podría oír algo de la representación. En nuestra época, además o en vez del *taceat mulier in ecclesia* [en la asamblea la mujer debe permanecer callada, 1 Cor. 14, 34], deberíamos establecer el principio *taceat mulier in theatro* y escribirlo con grandes letras en la parte externa del telón.

Paralipómena, § 369, p. 726

~La mujer como testigo~

Pienso que *ceteris paribus* [en igualdad de condiciones] el testimonio de una mujer ante un tribunal debería tener menos peso que el de un varón, de manera que, por ejemplo, dos testigos masculinos valiesen lo que tres o incluso cuatro femeninos. Pues creo que el sexo femenino, tomado en su conjunto, lanza al aire todos los días tres veces más mentiras que el masculino, y encima con una apariencia de veracidad y sinceridad que el masculino nunca logra.

Paralipómena, § 131, p. 308 y s.

~Mundo y castigo~

Para tener en todo momento a mano una brújula segura que nos permita orientarnos en la vida y contemplarla siempre a una luz correcta sin jamás perdernos, no hay nada como acostumbrarse a ver este mundo como un lugar de penitencia; por tanto, por así decirlo, como un centro penitenciario, a *penal colony*.

Paralipómena, § 156, p. 356

~El mundo civilizado~

¡Nuestro mundo civilizado no es más que una gran mascarada! En ella encontramos caballeros, curas, soldados, doctores, abogados, sacerdotes, filósofos y muchas cosas más. Pero no son lo que pretenden ser: son meras máscaras, bajo las cuales por regla general lo que se esconde son especuladores [*money-makers*]. Así, uno se pone la máscara del Derecho, que ha tomado prestada del abogado, meramente para poder golpear a otro a base de bien; otro ha elegido para el mismo fin la del bien público y el patriotismo; un tercero, la de la religión y la pureza de la fe. Para fines de todo tipo más de uno se ha colocado la máscara de la filosofía, también la de la filantropía, etc.

Paralipómena, § 114, p. 249 y s.

~Mundo y culpa~

Lo que con más fuerza clama contra la tesis de que el mundo es la obra bien hecha de un ser omnisciente, bondadoso y a la vez omnipotente, es, por un lado, la miseria que rebosa, y por otro, la patente imperfección e incluso burlesca deformidad del más acabado de sus fenómenos, el hombre. En cambio, este y otros ejemplos están en consonancia con nuestra doctrina y servirán como pruebas de ella, puesto que concebimos el mundo como la obra de nuestra propia culpa y, por tanto, como algo que sería mejor que no existiese.

Paralipómena, § 156, p. 355

~El mundo y Dios~

La triste condición de un mundo cuyos seres vivos sobreviven devorándose unos a otros, la menesterosidad y el miedo que ello provoca, la variedad y colosal magnitud del mal, la diversidad e inevitabilidad de los padecimientos, que a menudo alcanzan proporciones atroces, el peso de la vida misma y su apresurada carrera hacia la amarga muerte... Nadie con franqueza puede pensar que todo esto es obra de la suprema bondad, de la suprema sabiduría, del Todopoderoso. Ante esto, lanzar una alarido es tan sencillo como difícil es abordar el asunto y ofrecer explicaciones acertadas.

Fragmentos, p. 151

~El mundo, Dios y el demonio~

Si se acepta el panteísmo, el Dios creador es un Dios eternamente atormentado y que ya solo en este pequeño planeta muere una vez cada segundo, y eso libre y voluntariamente: tal cosa es un absurdo. Mucho más acertado sería identificar el mundo con el demonio.

Paralipómena, § 69, p. 121 y s.

~El mundo y el infierno~

¿De dónde tomó Dante el modelo para su infierno sino de este nuestro mundo real? Y es que este ha llegado a ser un auténtico infierno. Por el contrario, cuando se enfrentó a la tarea de reflejar el cielo y sus dichas se encontró ante una dificultad insuperable, precisamente porque nuestro mundo no le proporcionaba material alguno para cosa semejante.

El mundo, I, p. 445 y s.

El mundo es el *infierno*, y los hombres son a la vez las almas atormentadas y los demonios que lo habitan.

Paralipómena, § 156, p. 354

~Mundo y optimismo~

Este mundo, este circo de seres atormentados y atemorizados que
solo subsisten comiéndose unos a otros, en el que, por tanto, todo
animal carnívoro es la sepultura viviente de miles de otros animales y su conservación implica una cadena de muertes y dolor;
este mundo en el que con el conocimiento aumenta la sensibilidad al dolor, la cual, por tanto, alcanza su grado más alto en el
hombre, y es tanto mayor cuanto más inteligente sea el sujeto en
cuestión: este es el mundo al que se ha querido hacer compatible
con el optimismo y del que incluso se ha pretendido demostrar
que es el mejor de los posibles. El absurdo es clamoroso.

El mundo, II, p. 744

El que observe esto, difícilmente se dispondrá a entonar aleluyas
a menos que sea un hipócrita.

El mundo, II, p. 745

~Naciones~

Cada nación se mofa de las demás, y todas tienen razón.

Aforismos, p. 430

~Necesidad de distracción~

El embotamiento de la inteligencia va siempre asociado a un embotamiento de la sensibilidad y a una escasa excitabilidad, lo que hace que una constitución así sea menos sensible a los dolores y pesares de cualquier clase y magnitud. A ese embotamiento del espíritu se debe el *vacío interior* impreso en innumerables rostros, que se revela también en la constante atención a todo lo que sucede alrededor, incluso a los sucesos más insignificantes, y cuya verdadera causa está en el tedio, que empuja a una permanente y ávida búsqueda de estímulos externos a fin de mantener activos el espíritu y el ánimo con cualquier cosa. La elección no suele ser muy exigente, no se hace ascos a nada, como lo muestra la compañía que buscan y sus conversaciones, así como la existencia de una ingente cantidad de curiosos y mirones. Dicho vacío interior es el origen principal de la búsqueda de compañía, de distracciones, de placeres y lujos de todo tipo, que a muchos conducen a la prodigalidad primero, y después a la miseria.

Aforismos, p. 393

~Negros~

Es un hecho del que nadie dudará que los negros tienen más fuerza física que los hombres de otras razas, y que por tanto lo que pierden en sensibilidad lo ganan en irritabilidad. Debido a ello están más cerca de los animales, todos los cuales tienen en proporción a su tamaño más fuerza muscular que el hombre.

Paralipómena, § 94, p. 197

«Nobles» y «siervos»

Ninguna diferencia de estamento, rango o nacimiento es tan grande como el abismo que separa a los incontables millones de hombres que consideran y utilizan su *cabeza solamente como servidora del vientre*, esto es, como un instrumento para los fines de la voluntad, y los sumamente pocos y escasos que tienen el valor suficiente para decir: no, es demasiado buena para eso, únicamente debe actuar al servicio de sus propios fines, es decir, para captar el pasmoso y abigarrado espectáculo de este mundo y después reproducirlo de esta o de aquella manera, como imagen o como explicación, según la índole de cada individuo que la lleva sobre los hombros. Estos son los verdaderamente *nobles*, el auténtico estamento nobiliario del mundo. Los demás son los siervos de la gleba.

Paralipómena, § 50, p. 84

~No ser~

Somos algo que no debería ser. Por eso dejamos de ser.

El mundo, II, p. 649

~Novedades literarias~

Según cuenta Heródoto, al ver su inmenso ejército, Jerjes se puso a llorar, pues tenía presente que pasados cien años ninguno de esos hombres viviría: ¿a quién no le darían también ganas de llorar al ver el grueso catálogo de los libros de reciente publicación, si pensase que de todos esos libros dentro de diez años no quedará con vida ni uno solo?

Paralipómena, § 294, p. 653 y s.

Dado que la gente en vez de lo mejor de cada época solo lee *lo último*, los escritores permanecen sujetos a los estrechos confines de las ideas que circulan en cada momento dado, y la época se va hundiendo más y más en la ciénaga de su propia suciedad.

Paralipómena, § 295, p. 655

~Novelas~

Las *novelas* presentan una marcha de las cosas y un comportamiento humano distintos de los reales (...), por lo que el lugar de la ignorancia, meramente negativa, pasa a estar ocupado por todo un tejido de presuposiciones erróneas, esto es, por un error positivo. (...) Si hasta entonces el joven andaba a oscuras, ahora se guía por fuegos fatuos, y la muchacha aún más. Mediante las novelas se les ha metido en la cabeza una visión de la vida enteramente falsa y se les han creado expectativas de imposible cumplimiento. La mayor parte de las veces esto ejerce sobre la vida la más perniciosa de las influencias. A este respecto, las personas que en su juventud no tuvieron tiempo u ocasión de leer novelas, por ejemplo los trabajadores manuales, se encuentran en una situación mucho mejor.

Paralipómena, § 376, p. 742

~Nuevas generaciones~

Cada treinta años aparece una nueva generación de niños curiosos que todo lo miran, nada saben y engullen sumariamente y a toda velocidad los resultados del saber humano acumulado durante milenios, y que después pretenden ser más listos que todo el pasado junto. Con tal fin acuden a las universidades y echan mano a los libros, es decir, a los más recientes, dado que son contemporáneos suyos y de su misma edad. Lo único importante es que todo sea corto y nuevo, igual que ellos mismos son nuevos. Y enseguida, a pontificar.

Paralipómena, § 244, p. 563

A quien haya conocido *dos o incluso tres generaciones* de la especie humana, le pasará lo que al espectador de las representaciones que ofrecen los saltimbanquis de todo tipo en sus casetas durante las ferias, cuando permanece sentado y ve repetir la misma función dos o tres veces seguidas: las cosas estaban pensadas solamente para *una* función, por lo que ya no hacen ningún efecto una vez que han desaparecido el engaño y la novedad.

Paralipómena, § 156, p. 353

~Olvido~

La vida del hombre es tan corta y fugaz, y está repartida entre tantos millones de individuos que se precipitan en tropel en las fauces siempre abiertas del monstruo que los espera, el olvido, que es muy de agradecer el esfuerzo [de la historia] por salvar del universal naufragio del mundo el recuerdo de lo más importante e interesante, de los principales sucesos y personas.

Paralipómena, § 253, p. 526

~Ópera y música~

Bien puede decirse que la ópera se ha convertido en la perdición de la música. Esta se ve obligada a plegarse y amoldarse a una fábula carente de gusto y a seguir el paso de sus desordenados sucesos. Además, la suntuosidad tan infantil como basta de los decorados y vestidos, las extravagancias de los bailarines y las exiguas faldas de las bailarinas distraen nuestra atención y la apartan de la música.

Paralipómena, § 220, p. 512

En la ópera, la música se tortura miserablemente con un libreto insulso y seudopoético, tratando a duras penas de levantar cabeza bajo el peso de esa carga extraña que se le ha impuesto.

Paralipómena, § 220, p. 513

~Ópera y sensibilidad musical~

Siendo rigurosos, podríamos decir que la ópera es un invento amusical al servicio de los espíritus carentes de sensibilidad musical, a los cuales solo es posible acercar a la música a través de un medio extraño a ella; por ejemplo, poniéndola como acompañamiento de una historia de amor extremadamente embrollada y trivial, y de sus vacíos gracejos poéticos.

Paralipómena, § 220, p. 511

Ópera y aburrimiento

La gran ópera es de suyo, por su propia naturaleza y esencialmente, aburrida: a lo largo de sus tres horas de duración nuestra sensibilidad musical va quedando cada vez más embotada, mientras que, al mismo tiempo, un argumento casi siempre de lo más tonto y que avanza a paso de tortuga pone a prueba nuestra paciencia.

Paralipómena, § 220, p. 513

~Ópera: último acto~

[Debido a la excesiva duración de las óperas,] por lo general, el último acto se convierte en un martirio para los oyentes y en otro todavía mayor para los cantantes y músicos; uno podría llegar a creer que tiene ante sí una numerosa asamblea de personas que, reunidas al objeto de autoflagelarse, persigue ese objetivo con tesón, hasta que llega un final por el que todos, en secreto, llevan suspirando largo rato: todos, menos los que ya han desertado.

Paralipómena, § 220, p. 514

~Opinión de los demás~

La buena opinión ajena es objetivo principal de las aspiraciones humanas. Y ello pese a su absoluta futilidad, como lo muestra el hecho de que en casi todos los idiomas vanidad, *vanitas*, significa en su origen vacuidad y futilidad.

El mundo, I, p. 446

Lo que a los demás se les pase por la cabeza cuando piensen en nosotros debería sernos enteramente indiferente. Y así nos lo resultará, de hecho, en cuanto adquiramos un conocimiento suficiente de la superficialidad y futilidad de las ideas que concibe la mayoría de las personas, de la escasez de conceptos que manejan, de la mezquindad de su carácter, de lo absurdas que son sus opiniones y de la cantidad de errores en que creen; en cuanto la experiencia nos enseñe con cuánto desprecio se habla de cualquiera tan pronto no hay nada que temer de él o se cree que lo que se dice no va a llegar a sus oídos; pero, especialmente, cuando por una sola vez hayamos oído a media docena de imbéciles hablar con desprecio de los más grandes hombres. En ese momento nos daremos cuenta de que quien concede mucho valor a la opinión de los hombres les está tributando unos honores que no merecen.

Aforismos, p. 422

Las cabezas de la gente son un escenario demasiado miserable como para que la verdadera felicidad pudiera tener allí su sitio.

Aforismos, p. 475

~Optimismo~

El optimismo, cuando no se trata del discurso vacío de quien en su cerebro no alberga más que serrín y palabras, es una idea no solo falsa, sino propia de desalmados, una cruel burla de los padecimientos sin cuento de la humanidad.

El mundo, I, p. 447

~Orgullo nacional~

El tipo de orgullo más barato es el orgullo nacional. Quien está poseído por él revela con ello que carece de características individuales de las que pudiera estar orgulloso, pues de lo contrario no echaría mano de algo que comparte con millones de personas. El que posee méritos personales relevantes advertirá con toda claridad los defectos de su nación, ya que los tendrá siempre a la vista. Pero el pobre idiota que no tiene nada de lo que pudiera enorgullecerse se agarra al último recurso: estar orgulloso de la nación a la que pertenece. Eso lo alivia, y, agradecido, se mostrará dispuesto a defender πὺξ καὶ λάξ [con uñas y dientes] todas las taras y necedades propias de su nación.

Aforismos, p. 429 y s.

~Oscuridad en el estilo~

La oscuridad e indefinición en la expresión es en todo tiempo y lugar muy mala señal: en 99 casos de cada 100 procede de la poca claridad del pensamiento. (...) Lo que un hombre es capaz de pensar se puede expresar siempre con palabras claras, fácilmente comprensibles e inequívocas.

Paralipómena, § 283, p. 614

Quienes componen discursos difíciles, oscuros, complicados, ambiguos, es seguro que no saben bien qué quieren decir, sino que solamente tienen de ello una percepción poco clara y aún están buscando una idea, pero más frecuentemente aún lo que sucede es que tratan de ocultarse a sí mismos y a otros que en realidad no tienen nada que decir.

Paralipómena, § 283, p. 615

~La otra vida~

Es posible que, en lo más profundo de nuestro ser, todos seamos conscientes de vez en cuando de que en realidad nos convendría y se adecuaría a nosotros un tipo de existencia enteramente distinto de la que tenemos, tan indeciblemente mezquina, temporal, individual y repleta de miserias, y pensamos que la muerte podría llevarnos a ella.

Paralipómena, § 139, p. 325

~Paganismo~

El paganismo grecorromano, tomado como metafísica para el pueblo, constituye un fenómeno sumamente irrelevante: carece de una dogmática propiamente dicha, de una ética clara, e incluso de una verdadera inclinación moral y de escritos sagrados, por lo que apenas merece el nombre de religión. Es, más bien, solo un juego de la fantasía y una chapucería elaborada por los poetas a partir de cuentos populares, cuya mejor parte consiste en una evidente personificación de las fuerzas de la naturaleza. Cuesta creer que alguna vez hombres adultos hayan tomado en serio una religión tan infantil.

Paralipómena, § 177, p. 428

~País de Jauja~

Trabajo, fatigas, esfuerzo y *necesidad* es el sino que marca la vida de casi todos los hombres. Pero si todos los deseos, apenas surgidos, estuviesen ya satisfechos, ¿con qué se colmaría entonces la vida humana, con qué pasaríamos el tiempo? Imaginémonos a esta especie en el *país de Jauja*, donde todas las cosas creciesen solas y los pollos volasen asados, donde todos encontrasen al instante a la mujer de sus sueños y la conquistaran sin más. En tal caso, una parte de los hombres, debido al aburrimiento, morirían o se ahorcarían, mientras que el resto se harían la guerra, se estrangularían y asesinarían unos a otros, provocando así mayores sufrimientos que los que ahora les impone la naturaleza. Así pues, a una especie como esta no le conviene otro escenario, otra existencia que la que tiene.

Paralipómena, § 152, p. 345

~Las palabras~

La auténtica vida de un pensamiento dura solo hasta que llega a la frontera de las palabras: una vez ahí, se petrifica y cae muerto, si bien al igual que los animales y plantas fosilizados de épocas primitivas se queda así, sin descomponerse (...). Tan pronto nuestro pensamiento encuentra palabras, deja de ser íntimo y profundamente serio. Allí donde empieza a existir para otros, cesa de vivir en nosotros mismos, al igual que el hijo se separa de su madre cuando entra en su existencia propia.

Paralipómena, § 275, p. 597

~Panteísmo~

Obsérvese por un momento este mundo de seres permanentemente indigentes, que solo devorándose unos a otros consiguen mantenerse en vida por algún tiempo, que pasan su existencia entre temores y carencias, a menudo teniendo que padecer horribles tormentos, hasta que finalmente son arrojados en brazos de la muerte. Quien vea esto con claridad ante sus ojos, dará la razón a Aristóteles cuando dice: ή φύσις δαιμονία άλλ' ού θεία έστί (*natura daemonia est, non divina*) (*De divinatione per somnia*, cap. 2, p. 463 [b 14]); y tendrá que reconocer que un Dios al que se le hubiera ocurrido transformarse en un mundo como este se pasaría la vida atormentado por el diablo.

El mundo, II, p. 452

Contra el panteísmo solo tengo en el fondo lo que sigue: que no dice nada. Llamar «Dios» al mundo no significa explicar este último, sino solamente enriquecer el lenguaje con un sinónimo superfluo de la palabra «mundo». Decir «El mundo es Dios» viene a ser lo mismo que decir «El mundo es el mundo».

Paralipómena, § 69, p. 120

~Panteísmo y Hegel~

Si el panteísmo ha conducido a tamañas simplezas [a hacer de la ética una mera guía para una vida de obediencia a la familia y al Estado] es porque antes, en una errónea interpretación del *e quovis ligno fit Mercurius* [de cualquier madera se puede hacer un Dios], se ha tratado por todos los medios de hacer pasar a Hegel, una inteligencia vulgar, por un gran filósofo, y porque a una camarilla de secuaces suyos, primero subordinados y luego simplemente obtusos[13], se les dejó llevar la voz cantante.

El mundo, II, p. 756

---

[13] Schopenhauer juega aquí con las palabras *subornierter* (subordinado) y *bornierter* (obtuso, estrecho de miras). (*Nota de los traductores.*)

~Panteísmo y optimismo~

El panteísmo es necesariamente optimista, y por lo tanto falso.

Paralipómena, § 69, p. 121

~Patriotismo~

El patriotismo es la virtud suprema entre los antiguos; y, sin embargo, se trata en realidad de una virtud sumamente ambigua, pues la escasez de facultades intelectuales, los prejuicios, la vanidad y un bien entendido egoísmo tienen mucho que ver con ella.

Paralipómena, § 174, p. 410

~Pecado del mundo~

Nada hay más cierto que esto, expresado en general: es el grave pecado *del mundo* lo que produce el mucho y gran sufrimiento del mundo.

Paralipómena, § 156, p. 355

~Pecado original~

Al juzgar a un individuo humano nunca se debería abandonar el punto de vista de que su base y fundamento es algo que no debería ser, en modo alguno, algo pecaminoso, malo, lo que se entiende por pecado original, aquello por lo que está sometido a la necesidad de morir. Esa mala constitución fundamental se manifiesta incluso en que nadie soporta que se lo mire atentamente.

Paralipómena, § 156 a, p. 359

~Pederastia~

Contemplada en sí misma, la pederastia se nos aparece como algo no solo antinatural, sino como una monstruosidad nauseabunda y repugnante en extremo, una práctica en la que solo una humanidad perversa, desequilibrada y degenerada podía caer alguna vez, y que, a lo más, se hubiera repetido en casos muy aislados. Mas si atendemos a la experiencia nos encontramos con todo lo contrario: vemos que, pese a su atrocidad, este vicio está extendido y se practica asiduamente en todas las épocas y países.

El mundo, II, p. 718 y s.

~Pelagianismo~

El agustinismo, con su dogma del pecado original y todo lo a ello ligado, es el auténtico y bien entendido cristianismo. En cambio, el pelagianismo es el intento de devolver el cristianismo al tosco y romo judaísmo y a su optimismo (...). Debido a que es fácil de comprender y a sus cortos vuelos, el pelagianismo siempre le lleva la delantera. Y ahora más que nunca, bajo la forma de racionalismo.

Paralipómena, § 180, pp. 457 y s.

~Penas eternas~

Un Dios *crea un ser de la nada*, le impone prohibiciones y mandatos, y, porque no los cumple, lo martiriza por toda la eternidad con todas las torturas imaginables, para lo cual une indisociablemente el cuerpo y el alma (San Agustín, *La ciudad de Dios*, lib. 13, cap. 2, cap. 11 y cap. 24) a fin de que ese ser ya no pueda ser destruido por los tormentos y así escapar a ellos, sino que viva eternamente para ser eternamente castigado: este pobre hombre proveniente de la *nada* tiene derecho, cuando menos, a su *nada* originaria, a una última *retraite* [refugio] que en ningún caso puede ser muy mala y que debería estarle asegurada por el Derecho en calidad de propiedad adquirida por herencia. Al menos yo no puedo evitar simpatizar con él.

Paralipómena, § 177, p. 433

~Perfidia del hombre~

El Estado, esa pieza maestra producto de la suma del comprensible y razonable egoísmo de todos, ha puesto al servicio de la protección de los derechos de cada uno un poder tal que, al ser infinitamente superior al poder de cada individuo, obliga a todos ellos a respetar los derechos de los demás. Así, el egoísmo sin límite de casi todos, la maldad de muchos y la crueldad de algunos, no pueden ya imponerse: han sido reprimidos por la fuerza. La ilusión que ello provoca [al ocultar la verdadera condición del hombre], tan grande que en los casos en que la protección del Estado nada puede hacer o se elude su acción, y la insaciable codicia, la infame avidez de dinero, la bien escondida mala fe y la pérfida maldad de los hombres salen a la luz, quedamos espantados y lanzamos un grito de horror, creyendo habernos topado con un monstruo nunca visto. Sin la fuerza de la ley y la necesidad del honor burgués, todo eso estaría a la orden del día.

Ética, p. 725

~Perjuicios y ventajas de la religión~

El hombre se crea demonios, dioses y santos, hechos a su imagen y semejanza, que luego exigen de él constantes sacrificios, plegarias, templos, votos que deberá cumplir, peregrinaciones, salutaciones, ornamentos para las imágenes, etc. Su culto se entremezcla con la realidad, cuando no la nubla: tras los sucesos cotidianos creerá ver la acción de aquellos seres. Ellos ocuparán la mitad de su tiempo, mantendrán viva su esperanza y, debido al atractivo de las fantasías, a menudo el hombre preferirá su trato al de los seres reales. Esto es manifestación y síntoma de la doble menesterosidad humana: de su necesidad de ayuda, por una parte, y de distracción y ocupaciones, por otra. Y si bien para esa primera necesidad ello resulta a menudo contraproducente, ya que el tiempo y las fuerzas que deberían emplearse en tratar de evitar las desgracias y peligros se malgastan en oraciones y sacrificios, ese trato imaginario con un mundo de seres fantásticos le hace un gran servicio para cubrir la segunda de esas necesidades. Y esto constituye una ventaja de las supersticiones nada desdeñable.

El mundo, I, p. 443

~Periódicos~

Los periódicos son el segundero de la historia. Esta manecilla no solo es, la mayor parte de las veces, de metal menos noble que las demás, sino que rara vez marcha bien.

Paralipómena, § 233, p. 528

~La «persona»~

El uso del término *persona* para designar al individuo humano, habitual en todos los idiomas europeos, es, inconscientemente, muy acertado. Pues «persona» significa en realidad «máscara de actor», y ciertamente nadie se muestra tal y como es, sino que todos llevan una máscara e interpretan un papel. En general, toda la vida social es la prolongada representación de una comedia.

Paralipómena, § 315, p. 689

~Personalidad~

Mientras que los animales únicamente tienen el carácter de su especie, solo el hombre posee propiamente un carácter individual. Sin embargo, en la mayoría de ellos no hay mucho que sea realmente individual. (...) Su voluntad y pensamiento, al igual que sus fisonomías, son los de toda la especie, o en todo caso los de la clase de hombres a la que pertenecen, y precisamente por eso son triviales, cotidianos, vulgares, repetidos miles de veces. También lo que dicen y hacen se puede predecir casi siempre con suma exactitud. No tienen ninguna característica propia: son productos en serie.

Paralipómena, § 335, p. 701

~La pesadez de los alemanes~

El rasgo nacional por antonomasia de los alemanes es la pesadez. Se manifiesta en sus andares, en sus actos, en su lengua, en cuanto dicen, en lo que cuentan, en sus entendederas y en sus pensamientos, pero, muy especialmente, en su *estilo* al escribir:

en el placer que les producen los periodos largos, pesados, complicados, a los que la memoria tiene que dedicarse cinco largos minutos tratando de aprender con toda paciencia la lección que se le ha marcado, hasta que al final del periodo el entendimiento llega a una conclusión y se resuelve el enigma. Se complacen en ello, y si el autor tienen la oportunidad de introducir preciosismos, grandilocuencia y afectada σεμνότης [dignidad], dará rienda suelta a sus impulsos. ¡Que el cielo se apiade y dé paciencia al lector!

Paralipómena, § 287, p. 643 y s.

~Plan de la Historia~

El generalizado propósito de concebir la Historia del mundo como un todo que responde a un plan o, tal como ellos lo llaman, «construirla orgánicamente», se debe a la perniciosa influencia de la entontecedora seudofilosofía hegeliana. Dicho propósito se funda, en realidad, en un burdo y tosco realismo que toma al *fenómeno* del mundo por la *cosa en sí* y se figura que esta consiste en las formas y cambios de aquel, en lo que se ve apoyado por ciertas concepciones mitológicas cuya validez, sin decirlo, está suponiendo.

El mundo, II, p. 567

~Plinio el Viejo~

Cuando se cuenta de Plinio el Viejo que leía o hacía que le leyesen constantemente, a la mesa, durante sus viajes, en el baño, no puedo dejar de plantearme la pregunta de si el buen hombre tenía tal falta de pensamientos propios que sin interrupción tenían que serle infundidos otros ajenos, igual que a las personas consumidas por una grave enfermedad se les da un caldo muy concentrado para mantenerlas con vida. Y tampoco me ayudan a formarme un buen concepto de su capacidad de pensar por cuenta propia su credulidad carente de todo discernimiento ni su estilo de coleccionista, indeciblemente repelente, difícilmente comprensible y, al parecer, preocupado solo por ahorrar papel.

Paralipómena, § 245, p. 564

~Poetas profesionales~

El hombre que se propone vivir del favor de las musas, esto es, de sus dotes poéticas, se parece de alguna manera a una muchacha que vive de sus encantos. Ambos profanan, a cambio de una vil ganancia, lo que debería ser un generoso don de lo más íntimo de su ser. Ambos sufren de agotamiento, y ambos acabarán casi siempre de manera vergonzosa. No hagáis de vuestra musa una ramera.

Paralipómena, § 217, p. 506

~Politeísmo y tolerancia~

Los dioses politeístas son de suyo tolerantes: viven y dejan vivir. De entrada, aceptan gustosos a sus colegas, los dioses de la misma religión, y posteriormente esa tolerancia se extiende también a los dioses ajenos, a los que acogen hospitalariamente, y que más tarde, en ocasiones, llegan a adquirir el derecho de ciudadanía: así nos lo muestra el ejemplo de los romanos, bien dispuestos a aceptar y a honrar a los dioses frigios y egipcios y a otros dioses ajenos. De ahí que sean solo las religiones monoteístas las que nos ofrecen el espectáculo de las guerras de religión, las persecuciones religiosas y los tribunales contra la herejía, al igual que el de la iconoclasia y la destrucción de las imágenes de los dioses ajenos, el derribo de los templos indios y de los colosos egipcios que llevaban viendo el sol tres mil años; y todo porque su Dios celoso había dicho: «No te harás imágenes», etc.

Paralipómena, § 174, p. 423 y s.

~El popurrí~

El popurrí es como una casaca de Arlequín que se hubiera confeccionado recosiendo jirones arrancados de los trajes de personas honradas: una verdadera infamia musical, que debería estar perseguida por la policía.

Paralipómena, § 221, p. 514

~Presente, pasado y futuro~

El presente es siempre insatisfactorio, el futuro, incierto, y el pasado, irrecuperable. La vida, con las pequeñas y grandes adversidades que nos depara cada año, cada semana, cada día, cada hora, con sus falsas esperanzas y continuos contratiempos que frustran cualquier previsión, lleva con tanta claridad el sello de aquello a lo que no se le puede tomar gusto que resulta difícil entender cómo nadie ha podido ignorar esto y convencerse de que la vida está ahí para que la disfrutemos agradecidos, y el hombre, para ser feliz.

El mundo, I, p. 734

~La predestinación~

Un ejemplo y demostración de los absurdos que surgen de la combinación del Antiguo y el Nuevo Testamento nos lo proporciona, entre otras, la doctrina cristiana de la predestinación y la gracia desarrollada por san Agustín, esa estrella polar por la que se regía Lutero. Según esa doctrina, en lo que unos aventajan a otros es precisamente en la gracia, que por tanto es un privilegio recibido al nacer y con el que ya venimos al mundo, y que sin embargo resulta decisivo para el más importante de los asuntos. Lo escandaloso y absurdo de esta tesis se deriva meramente de la presuposición veterotestamentaria de que el hombre es obra de una voluntad ajena y ha sido creado por esta de la nada.

Paralipómena, § 177, p. 430 y s.

~Previsión~

En *Prometeo* está personificada con toda propiedad la *previsión humana*, la capacidad de pensar en el día de mañana, que el hombre posee y de la que el animal carece. Por eso tiene Prometeo el don de la profecía, que simboliza la facultad de ejercer una cautelosa previsión. También por ello concede al hombre el uso del fuego, que ningún animal posee, y es el fundamento de toda arte y técnica. Pero este privilegio de la *previsión* tiene que pagarlo el hombre con la incesante tortura de la *preocupación*[14], que asimis-

---

[14] Schopenhauer hace aquí un juego de palabras intraducible entre los términos alemanes *Vorsorge* (previsión, capacidad de tomar precauciones) y *Sorge* (preocupación, cuidados). (*Nota de los traductores.*)

mo ningún animal conoce: es el buitre que picotea el hígado de Prometeo encadenado.

Paralipómena, § 199, p. 486

~Principio y fin~

¡Qué diferencia entre nuestro comienzo y nuestro final! El delirio del deseo y el éxtasis de la concupiscencia, en aquel; la destrucción de todos los órganos y el olor a podrido de los cadáveres, en este. Y en lo que se refiere al bienestar y al disfrute de la vida, el camino entre uno y otro va siempre cuesta abajo: al principio, la feliz y soñadora infancia; luego, la jovial juventud, la trabajosa madurez, la achacosa y con frecuencia penosa ancianidad, el tormento de la última enfermedad y, por último, las angustias de la muerte. ¿No parece como si la existencia fuese un paso en falso cuyas consecuencias se fuesen revelando paulatinamente y cada vez con mayor claridad?

Paralipómena, § 147, p. 340

~Procreación intencionada~

Traer una persona al mundo sin pasión subjetiva, sin concupiscencia ni compulsión física, meramente por pura reflexión y a sangre fría: esta sería una acción tan cuestionable moralmente que solo unos pocos se atreverían a realizarla, y de ella se podría decir que guarda con la procreación por puro instinto sexual la misma relación que el asesinato premeditado y a sangre fría con un homicidio cometido a impulsos de la ira.

Paralipómena, § 167, p. 375

~Procreación e irresponsabilidad~

Imaginemos que el acto procreador no fuese una necesidad ni estuviese acompañado de intenso placer, sino que se tratase de un asunto de pura reflexión racional: ¿seguiría existiendo aún el género humano? ¿No tendría más bien cada uno tanta compasión con la siguiente generación que preferiría ahorrarle la carga de la existencia, o al menos no querría asumir él la responsabilidad de poner esa carga a sangre fría sobre los hombros de los demás?

Paralipómena, § 156, p. 354

~Prodigalidad de las mujeres~

Todas las mujeres, salvo raras excepciones, son dadas al derroche. Por ello, todo patrimonio —a excepción de los pocos casos en que lo han adquirido ellas mismas— debe estar protegido contra su necedad. Precisamente por eso soy de la opinión de que las mujeres nunca deberían adquirir la plena mayoría de edad, sino que siempre deberían permanecer bajo una efectiva vigilancia masculina, sea la del padre, la del esposo, la del hijo o la del Estado, como sucede en la India.

Paralipómena, § 131, p. 307

~Producción literaria extensa~

Creo tener derecho al título honorífico de oligógrafo, puesto que estos cinco volúmenes [los que recogen las obras completas de Schopenhauer] contienen todo lo que he escrito y el entero resultado de mis setenta y tres años de vida. Si he obrado así es porque quería estar completamente seguro de disfrutar de la constante atención de mis lectores: solamente he escrito algo cuando tenía algo que decir. Si este principio fuese seguido universalmente, la extensión de la literatura se reduciría no poco.

Paralipómena, p. 827

~El profesor y el genio~

El simple erudito, por ejemplo el catedrático de Gotinga, ve al genio más o menos como nosotros a la liebre: solo se puede aderezar y comer una vez muerta, y mientras vive lo único que hacemos con ella es pegarle tiros.

Paralipómena, § 56, p. 94

~Profesores~

Ya Diderot ha dicho en Los sobrinos de Rameau que quienes enseñan una ciencia no son quienes la entienden y la cultivan seriamente, dado que a estos últimos no les queda tiempo para enseñarla.

Paralipómena, § 250, p. 567

~Profesores de filosofía~

Si en una situación como la descrita [la de la filosofía universitaria de la época] se presentara de repente una filosofía honesta y enfocada con toda determinación a la búsqueda de la verdad y nada más que la verdad, ¿no les sucedería a los señores «filósofos de oficio» como a los caballeros que en el teatro llevan coraza y armas de cartón si de repente se pusiera ante ellos uno de verdad, bajo cuyos pesados pasos temblaran las tablas del escenario? Una filosofía tal, necesariamente ha de ser falsa y mala; y además obliga a los señores del oficio a representar el penoso papel de quien, para parecer lo que no es, ha de impedir que los demás sean tenidos por lo que realmente son.

Naturaleza, p. 306 y s.

En modo alguno está en mi ánimo prohibir a los profesores de filosofía el desempeño de su actividad en las universidades. Todo lo contrario: si por mí fuera, se los ascendería tres grados en el escalafón y se los trasladaría a la facultad superior a ejercer como profesores de teología. En realidad, es lo que son ya desde hace tiempo, y sin cobrar el sueldo correspondiente.

Naturaleza, p. 318

Pese a que la crítica de Kant a la teología especulativa los colocó en una posición comprometida, los profesores de filosofía no se dieron tan pronto por vencidos. Desde tiempos inmemoriales han advertido que su particular oficio consiste en poner de manifiesto la existencia y las propiedades de Dios, y hacen de ello el objeto de su actividad filosófica. Por tanto, a lo que las Escrituras dicen de que Dios alimenta a las aves del campo, yo he de añadir: y a los catedráticos de filosofía. Aún hoy en día tienen la desfachatez de afirmar que el tema propio de la filosofía es el Absoluto (que, como es sabido, es el nombre de moda para referirse al buen Dios) y su relación con el mundo, y, como siempre, su ocupación consiste en describirlo cada vez mejor, en figurárselo y fantasear sobre él. Al fin y al cabo, los gobiernos, ya que se gastan el dinero en una filosofía como esa, quieren que de las aulas de filosofía salgan buenos cristianos y devotos feligreses.

Fragmentos, p. 139 y s.

¿Qué podrá hacer ante esa exigencia [la de quienes buscan la verdad] una marioneta de cátedra *nervis alienis mobile lignum* [movida por hilos extraños]? ¿Durante cuánto tiempo más podrán seguir imponiéndonos esa filosofía de costureras, esos vacíos edificios de palabras, esas florituras retóricas que o bien no dicen nada, o bien, con tanta verborrea, hacen que las más comunes y claras verdades resulten ininteligibles? ¿Por cuánto tiempo más podrán seguir difundiendo los absolutos sinsentidos hegelianos?

Universidad, p. 183

~Progreso~

Nuestros cultísimos racionalistas entonces replican [contra la doctrina agustiniana de que los hombres están predestinados, y la mayoría de ellos a pecar]: «Todo eso es falso y ridículo; en realidad, paso a paso, en progreso constante, nos vamos elevando hacia una perfección cada vez mayor». En ese caso, es una lástima que no hayamos empezado antes, pues de haber sido así ya la habríamos alcanzado.

Paralipómena, § 177, p. 433

~Protestantismo~

Debido a su rechazo del celibato y, más en general, de una verdadera ascética, así como de quienes la representan, los santos, el protestantismo se ha convertido en un cristianismo abúlico, romo o, mejor todavía, demediado, que no conduce a nada.

Paralipómena, § 180, p. 458

~El público insensible~

Para existir y vivir realmente, una obra bella necesita un espíritu sensible, y una obra de pensamiento, un espíritu pensante. Solo que con demasiada frecuencia quien pone en el mundo una obra así puede encontrarse después en un estado de ánimo semejante al del pirotécnico que ha quemado con todo entusiasmo el fruto de sus largos esfuerzos, y después se entera de que estaba en el lugar equivocado y que no ha tenido otros espectadores que los internos de una institución para ciegos. Y, sin embargo, aun en ese caso siempre se encontrará en una mejor situación que si hubiese tenido un público compuesto íntegramente por pirotécnicos, pues si así fuese y su obra hubiese sido extraordinaria, le habría podido costar la cabeza.

Paralipómena, § 240, p. 540

~El «pueblo elegido»~

No olvidemos tampoco al pueblo elegido de Dios, el cual, tras haber robado en Egipto —siguiendo un mandato expreso de Jehová— a sus viejos y confiados amigos los vasos de oro y plata que les habían prestado, comenzó con el asesino Moisés a la cabeza sus correrías de asesinato y rapiña en la «Tierra Prometida», a fin de arrebatársela a sus legítimos poseedores siguiendo la orden expresa y repetida del mismo Jehová de no tener compasión, asesinando y exterminando sin misericordia a todos sus habitantes, mujeres y niños incluidos (Josué, capítulos. 10 y 11), porque no estaban circuncidados y no conocían a Jehová, lo que era razón suficiente para que estuviesen justificados todos los horrores que se cometiesen contra ellos.

Paralipómena, § 174, p. 421 y s.

En el libro de Esdras (I, caps. 8 y 9) se conoce al judaísmo desde su lado más vergonzoso; aquí el pueblo elegido actúa siguiendo el indignante y malvado modelo de su padre Abraham: al igual que este expulsó a Agar con Ismael, así también se expulsa, junto con sus hijos, a las mujeres que no siendo de la raza de Moisés se habían casado con judíos durante la cautividad de Babilonia. Es difícil imaginar algo más despreciable. A no ser que esa canallada de Abraham esté inventada para encubrir la aún mayor de todo el pueblo.

Paralipómena, § 179, p. 448

~Pueblos salvajes~

Los *salvajes* no son los primeros hombres, igual que los perros salvajes de Sudamérica no son los primeros perros, sino que estos últimos son perros asilvestrados, y aquellos hombres asilvestrados, descendientes de hombres que se perdieron o separaron de una tribu civilizada, cuya cultura fueron incapaces de conservar por sí solos.

Paralipómena, § 92, p. 187

~El pueblo soberano~

La cuestión de la soberanía del pueblo equivale en el fondo a la pregunta de si alguien puede tener un derecho original a gobernar a un pueblo en contra de su voluntad. No veo cómo podría sostenerse racionalmente tal cosa. Así que, desde luego, el pueblo es soberano: pero se trata de un soberano menor de edad, que por tanto debe permanecer bajo perpetua tutela y que nunca puede administrar por sí mismo sus derechos sin ocasionar ilimitados peligros; además de que, como todos los menores de edad, puede caer fácilmente en manos de astutos hampones, que por eso se llaman demagogos.

Paralipómena, § 126, p. 293

~Puristas~

De vez en cuando, una lengua extranjera expresa un concepto con un matiz que la nuestra propia no le da y que es exactamente en lo que estamos pensando. En ese caso, todo el que tenga interés en expresar sus pensamientos con precisión utilizará la palabra extranjera, sin preocuparse lo más mínimo de los ladridos de pedantes y puristas.

Paralipómena, § 299, p. 666

~Quejicosos~

No es fácil que un carácter noble se queje de su propio destino (...). En cambio, a un infame egoísta, para quien toda la realidad se reduce a él mismo y que ve a los demás como meras máscaras o sombras, no le preocupará en absoluto la suerte que estos corran, sino que dedicará toda su atención a la suya propia; consecuencia de ello es que será presa fácil de la turbación y se quejará con frecuencia.

Paralipómena, § 165, p. 372

~Químicos y fisiólogos~

Es verdaderamente admirable la inocencia con que esta gente, con su retorta y su escalpelo, aborda los problemas filosóficos. Afirman dedicarse exclusivamente al oficio con el que se ganan la vida, pero luego quieren hablar de todo. ¿Podrá alguien hacerles comprender a estos señores que entre ellos y la esencia real de las cosas se levanta como un muro su cerebro, por lo que es preciso dar algún rodeo para, solo en cierta medida, hacer alguna averiguación? Así no dogmatizarían con tanto atrevimiento acerca del «alma», de la «materia» y otras cosas por el estilo, cual zapateros que se hubiesen metido a filósofos.

Colores, p. 195 y s.

~Químicos y naturalistas~

A estos señores de la marmita y la retorta hay que recordarles que la química los faculta para boticarios, mas no para filósofos. Y no menos hay que recordarles a otros naturalistas de parecida inteligencia que uno puede ser un magnífico zoólogo y conocer de carrerilla hasta sesenta especies diferentes de monos y, no obstante, si además de eso no ha aprendido otra cosa que, si acaso, su catecismo, será un ignorante, uno más del vulgo.

Naturaleza, p. 301 y s.

~Razones de los filósofos «de oficio» para odiar la filosofía de Schopenhauer~

En primer lugar, porque mis obras echan a perder el gusto del público por la urdimbre de frases vacías, por la acumulación de

palabras apiladas unas sobre otras y que no dicen nada; por el
huero, frívolo y martirizante chismorreo; por los dogmas cristianos que se presentan embozados bajo el manto de la más tediosa
metafísica; por el filisteísmo más banal, sistematizado en forma
de ética, con indicaciones incluso para los juegos de naipes y el
baile. En suma, por todo ese método filosófico de costureras que
ha conseguido que muchos se espanten con solo oír la palabra
filosofía.

Naturaleza, p. 305

~Raza blanca~

Que el color blanco del rostro es antinatural y resultado de una
degeneración, lo muestra la repugnancia y rechazo que en algunos pueblos del interior de África produce la primera vez que se
ve: les parece producto de una atrofia enfermiza. A un viajero
por África, unas muchachas negras le ofrecieron leche con gran
amabilidad mientras cantaban: «¡Pobre extranjero, qué pena nos
da que estés tan blanco!».

Paralipómena, § 92, p. 188

~Recensores anónimos~

En noventa y nueve casos de cada cien, el *anonimato* de las recensiones sirve solamente para que se sustraiga a toda responsabilidad quien no es capaz de justificar lo que dice, o incluso para
esconder la ignominia de quien es lo suficientemente venal y
ruin para elogiar de cara al público un mal libro a cambio de una
propina del editor. Frecuentemente sirve también para ocultar la
oscuridad, insignificancia e incompetencia de quien así juzga. Es

increíble qué desvergüenza han adquirido esos tipos y ante qué canalladas literarias no retroceden cuando se saben seguros a la sombra del anonimato.

Paralipómena, § 281, p. 601

Igual que hay medicamentos universales, la que sigue es una anticrítica universal contra todas las recensiones anónimas, con independencia de que elogien lo malo o censuren lo bueno: «¡Canalla, di cómo te llamas!». Pues atacar disfrazado y embozado a quienes van por la calle a cara descubierta no es propio de personas honradas, sino de pillos y rufianes.

Paralipómena, § 281, p. 601

Por mi parte, antes dirigiría una casa de juego o un burdel que una cueva de recensores anónimos.

Paralipómena, § 281, p. 605

De quien escriba y polemice de modo anónimo se puede suponer automáticamente que desea engañar al público y manchar la honra de otros sin correr él peligro alguno. Por ello, toda mención de un recensor anónimo, incluso la más incidental y que no contuviese reproche alguno, se debería hacer empleando solamente epítetos como «el cobarde bribón anónimo» o «el embozado canalla anónimo de tal revista», etc. Este es realmente el tono decente y adecuado para hablar de esos compadres y para que se les quiten las ganas de seguir haciendo de las suyas.

Paralipómena, § 281, p. 603

~Reconocimiento del mérito ajeno~

Las alabanzas que cada uno tributa a otro de su mismo oficio, o de un oficio parecido, en el fondo se las tiene que quitar a sí mismo: solo puede elogiar a costa del reconocimiento externo de su propia valía. A ello se debe que, de suyo, los hombres no estén nada inclinados ni dispuestos a elogiar y alabar a otros, pero sí a dirigirles reproches e insultos, pues cuando lo hacen se están alabando indirectamente a sí mismos.

Paralipómena, § 242, p. 546

Tan pronto la valía de una obra está reconocida y ya no se puede ocultar ni negar, todos compiten en su celo por alabarla y honrarla, pues de esa manera, conscientes del Σοφὸν εἶναι δεῖ τὸν ἐπιγνωσόμενον τὸν σοφόν [para reconocer al sabio hace falta ser sabio uno mismo] de Jenófanes, se están honrando a sí mismos, por lo que se apresuran a apoderarse de lo que les resulta más cercano al trofeo del mérito propio, para ellos inalcanzable: la correcta estimación del ajeno. En esos casos sucede lo que con un ejército al que se ha puesto en fuga: igual que antes en atacar, ahora todos quieren ser los primeros en correr.

Paralipómena, § 242, p. 547

~Religión y argumentación racional~

Cuán completamente paralizadas quedan las cabezas ordinarias por ese temprano tratamiento metafísico al que se las somete [el de la religión], se puede apreciar en su aspecto más ridículo y estridente cuando alguien así se pone a criticar la doctrina de una fe ajena. Por regla general, se limitará a mostrar cuidadosamente que los dogmas de esa otra religión no son compatibles con los de la suya, para lo cual se esforzará en exponer que en esos otros dogmas no solo no se dice lo mismo, sino que con toda seguridad tampoco se alude a lo mismo que en los de su propia religión. Con ello, en su simpleza, cree que ha demostrado la falsedad de la doctrina ajena. Realmente no se le ocurre plantear la pregunta de cuál de las dos tiene razón, sino que sus artículos de fe son para él principios *a priori* seguros.

Paralipómena, § 174, p. 389

~La religión y las ciencias~

Quienes se figuran que las ciencias pueden progresar y extenderse más y más sin que ello impida a la religión seguir subsistiendo y floreciendo están en un craso error. La física y la metafísica son enemigas naturales de la religión, y por lo mismo esta lo es de las primeras, de ahí que en todas las épocas trate de reprimirlas, al igual que ellas se esfuerzan en socavarla. Querer hablar de paz y concordia en este campo es cosa sumamente ridícula: se trata de un *bellum ad internecionem* [una guerra a muerte].

Paralipómena, § 181, p. 463

Omar, Omar sí que sabía lo que estaba haciendo cuando quemó la biblioteca de Alejandría: la razón que esgrimió, a saber, que el contenido de los libros o bien ya estaba contenido en el Corán o bien era superfluo, pasa por estúpida, pero es muy hábil, con solo que la comprendamos *cum grano salis* [en sus justos términos]: lo que quiere decir es que las ciencias, cuando van más allá del Corán, son enemigas de la religión y, por tanto, no se deben tolerar. Al cristianismo le iría mucho mejor en la actualidad si los reyes cristianos hubiesen sido tan inteligentes como Omar. Pero ahora ya es algo tarde para quemar todos los libros.

Paralipómena, § 181, p. 463

~Religión y cultura~

Que la civilización haya alcanzado sus más altas cotas entre los pueblos *cristianos* no se debe a que el *cristianismo* la favorezca, sino a que este último se ha debilitado sobremanera y ya no tiene mucha influencia; mientras la tuvo, la civilización estaba muy atrasada: véase la Edad Media. En cambio, el Islam, el brahmanismo y el budismo siguen ejerciendo una influencia decisiva sobre la vida; en China es donde menos, y por ello su grado de civilización es aproximadamente equivalente al europeo. Toda *religión* es antagónica a la cultura.

Paralipómena, § 182, p. 466

~Religión e idolatría~

Que el *ídolo* esté hecho de madera, piedra o metal, o que se componga de conceptos abstractos, viene a ser una y la misma cosa: siempre que se tenga delante un ser personal al que se le hagan sacrificios, al que se invoque, al que se le den gracias, seguiremos estando ante un caso de *idolatría*. Tampoco es tan diferente en el fondo que se sacrifiquen las propias ovejas o las propias inclinaciones. Todo rito u oración es muestra irrebatible de *idolatría*.

Paralipómena, § 178, p. 446

~Religión e ignorancia~

Las religiones son hijas de la ignorancia, y no sobreviven mucho a su madre.

Paralipómena, § 181, p. 463

Las religiones son como las luciérnagas: para lucir necesitan la oscuridad. Un cierto grado de ignorancia general es la condición de todas las religiones, es el único medio en el que pueden vivir. En cambio, tan pronto la astronomía, la ciencia natural, la geología, la historia, la geografía física y humana pueden difundir su luz por todas partes y finalmente se permite a la filosofía tomar la palabra, toda fe basada en los milagros y en la revelación sucumbe forzosamente, pasando la filosofía a ocupar su lugar.

Paralipómena, § 174, pp. 407 y s.

~Religión e inmoralidad~

Con mucha frecuencia, las religiones tienen una influencia decididamente desmoralizadora. En general, cabría afirmar que lo que se da a los deberes para con Dios se quita a los deberes para con el hombre, ya que es muy cómodo sustituir la falta de una conducta adecuada hacia este con la adulación hacia aquel. Vemos, por tanto, que en todo tiempo y lugar la gran mayoría de los hombres encuentra mucho más fácil obtener el cielo mendigándolo mediante oraciones que merecerlo por sus actos.

Paralipómena, § 174, p. 418

¿Dónde está la religión cuyos adeptos no consideren las oraciones, los cánticos de alabanza y los ejercicios piadosos de todo tipo como un sustitutivo al menos parcial de la conducta moral?

Paralipómena, § 174, p. 419

~Religión e intolerancia~

Verdaderamente, el peor lado de las religiones es que los creyentes de cada una de ellas consideran que en su trato con los creyentes de las demás todo les está permitido, y por esa razón proceden con ellos con la más extrema iniquidad y crueldad: así, los mahometanos contra los cristianos y los hinduistas; los cristianos contra los hinduistas, los mahometanos, los pueblos americanos, los negros, los judíos, los herejes, etc.

Paralipómena, § 174, p. 422

~Religión y masas~

Quien desee juzgar sobre la religión no debe perder de vista en ningún momento cuál es la índole de la gran masa a la que está destinada, es decir, ha de tener presente toda su bajeza moral e intelectual.

Paralipómena, § 174, p. 400

~Religión y metafísica~

Las religiones se han apoderado de la tendencia natural del hombre hacia la metafísica; por un lado, paralizándola, al inculcar sus dogmas en edad muy temprana, y por otro, prohibiendo y haciendo que esté mal vista toda expresión de los mismos libre y sin prejuicios. De esta manera, la libre investigación sobre los asuntos más importantes y más interesantes, sobre la existencia misma del hombre, en parte está prohibida directamente, en parte obstaculizada indirectamente y en parte resulta imposible debido a la mencionada parálisis, por todo lo cual vemos a la más sublime de las disposiciones naturales del hombre cargada de cadenas.

Paralipómena, § 14, p. 21

~Religión y moralidad~

Cuando la religión se encuentra en peligro de muerte, se la ve agarrarse a la moral, por cuya madre le gustaría hacerse pasar. ¡Pero de ninguna manera! La moral y la moralidad auténticas no dependen de religión alguna, por más que todas ellas las sancionen y de ese modo les concedan un apoyo.

Paralipómena, § 181, p. 464

~La religión como pretexto~

En siglos pretéritos, la religión era un bosque tras el cual se podían mantener escondidos ejércitos enteros. El intento de repetirlo en nuestros días ha salido mal: después de tantas talas ya no es más que un matorral tras el cual en ocasiones se ocultan bribones. Por esa razón hay que tener cuidado con quienes quisieran meterla en todo, y salirles al paso con este refrán español: «Detrás de la cruz está el diablo»[15].

Paralipómena, § 182, p. 466

---

[15] En español en el original. (*Nota de los traductores.*)

~Repúblicas~

Un inconveniente de las repúblicas muy particular, a la vez que paradójico, es que en ellas a las inteligencias superiores por fuerza les resulta más difícil que en las monarquías alcanzar puestos relevantes y, por tanto, influir directamente en la política. Pues sucede sencillamente que en todo tiempo y lugar, y en cualquier ámbito, el conjunto de mentes obtusas, débiles y vulgares se conjuran o alían instintivamente contra esas cabezas excelentes, a las que tienen por su enemigo natural, y su temor compartido a ellas las mantiene firmemente unidas. Ahora bien, en un régimen republicano, a esa siempre numerosa tropa no le resultará muy complicado oprimir y excluir a los excelentes a fin de que no les hagan sombra, pues aquellos son siempre —y, en ese régimen, con los mismos derechos originarios— cincuenta contra uno.

Paralipómena, § 127, p. 300

La forma de gobierno monárquica es la natural al hombre. (...) Hasta el sistema planetario es monárquico. En cambio, el sistema republicano es tan antinatural para el hombre como desfavorable para la vida intelectual elevada, es decir, para las artes y las ciencias.

Paralipómena, § 127, p. 301

Las repúblicas son fáciles de erigir, pero difíciles de mantener; a las monarquías les sucede justo lo contrario.

Paralipómena, § 127, p. 303

~Revelación~

Entre las muchas cosas duras y lastimosas que le han caído en suerte al hombre, la que sigue no es una de las más pequeñas: existimos sin saber de dónde venimos, adónde vamos y para qué vivimos, y quien esté poseído y profundamente penetrado del sentimiento de ese mal, difícilmente podrá evitar sentir cierta indignación contra aquellos que pretenden poseer noticias especiales al respecto, que quieren comunicarnos bajo el nombre de revelación.

Paralipómena, § 176, p. 426

No es más que un niño grande quien sea capaz de pensar en serio que alguna vez seres que no eran hombres han informado a nuestra especie sobre su existencia y finalidad y sobre las del mundo. No hay otra revelación que lo que han pensado los sabios, si bien esos pensamientos, según es el destino de todo lo humano, están sometidos al error y con frecuencia van revestidos de extraños mitos y alegorías: en este último caso reciben el nombre de religiones.

Paralipómena, § 176, p. 427

~Revistas literarias~

En la actualidad las revistas literarias son editadas por cofradías universitarias o por pandillas de literatos, ocultamente quizá incluso por libreros para fomentar sus ventas, y por regla general no representan más que la coalición formada por las malas cabezas con la finalidad de que no destaque lo bueno. En ningún lugar hay más falta de honradez que en la literatura.

Paralipómena, § 281, p. 601

Por regla general, quienes colaboran en las revistas literarias son catedráticos o literatos de poco sueldo y bajos honorarios, y que por tanto escriben por necesidad de dinero. Como todos tienen la misma finalidad, tienen también un interés común, cierran filas y se apoyan unos a otros, y cada uno dice lo que el otro quiere oír: así se explican todas las recensiones elogiosas de libros malos, que constituyen el contenido de las revistas literarias. (...) ¿Existe acaso alguna que seleccione siempre los libros que anuncia por su importancia intrínseca, y no obedeciendo a compadreos y consideraciones corporativistas, o incluso dejándose untar con dinero por los editores?

Paralipómena, § 281, p. 599 y s.

~Ricos incultos~

La ignorancia solo degrada al hombre cuando va acompañada por la riqueza. El pobre está sujeto por su pobreza y necesidad; sus tareas sustituyen en él al saber y mantienen ocupados sus pensamientos. En cambio, los ricos, cuando son ignorantes, viven solo para sus placeres y se asemejan al ganado, según se puede ver todos los días.

Paralipómena, § 290, p. 651

~Riquezas~

A muchos vemos afanarse día y noche sin descanso, laboriosos como hormigas, tratando de incrementar la riqueza que ya poseen. Su horizonte no va más allá de los medios para conseguirlo, fuera de eso no conocen nada: su espíritu está vacío y es insensible a cualquier otra cosa. Los mayores placeres, los intelectuales, les son inaccesibles; por eso, tratando en vano de sustituirlos, de vez en cuando se permiten otros pasajeros, sensuales, que les cuestan poco tiempo pero mucho dinero. Y al final de la vida, si han tenido suerte, obtendrán como resultado de la misma un buen montón de dinero que dejarán a sus herederos para que lo aumenten todavía más o lo dilapiden. Una vida tal, por más que haya sido llevada con ademán serio y gesto solemne, es tan necia como aquella otra que tenía por símbolo el gorro de cascabeles de un bufón.

Aforismos, p. 384

~Ropa~

Otra consecuencia de la ropa es que, mientras todos los animales —que van por ahí con su figura, cobertura y color naturales— ofrecen un aspecto conforme a la naturaleza, agradable y estético, el hombre anda entre ellos como una caricatura con su ropa variopinta, frecuentemente muy extraña y extravagante, además de, no pocas veces, mísera y andrajosa: una figura que no pega con el todo, que no está en su sitio, puesto que, a diferencia de todas las demás, no es obra de la naturaleza, sino de un sastre, por lo que constituye una impertinente interrupción del conjunto armónico del mundo.

Paralipómena, § 92, p. 190

~Ropa femenina~

Lo más repelente [de la indumentaria moderna] es la ropa que hoy en día llevan las mujeres denominadas «damas», la cual, imitada de la falta de gusto de sus tatarabuelas, nos muestra la mejor manera de afear la figura humana. Especialmente sucede esto con el miriñaque, casi tan ancho como alto y que nos lleva a sospechar una acumulación de emanaciones poco limpias, lo que hace a las mujeres que lo portan no solo feas y repulsivas, sino también asquerosas.

Paralipómena, § 92, p. 190

~Ropa moderna~

La noble sensibilidad y gusto de los antiguos trató de paliar esa deficiencia [lo antinatural de toda ropa] llevando una ropa todo lo ligera que fuese posible y dispuesta de manera que no se ajustase al cuerpo hasta formar una sola cosa con él, sino que, puesta sobre el mismo como una cosa ajena, permaneciese separada y al menos permitiese reconocer con claridad la figura humana en todas sus partes. Debido a que tiene el sentido opuesto, la ropa de la Edad Media y de la época moderna carece de gusto y es bárbara y repulsiva.

Paralipómena, § 92, p. 190

~Ropa y suciedad~

Tanto a causa de la alimentación con carne como debido a la ropa gruesa, el hombre ha adquirido un cierta cualidad sucia y repugnante que los demás animales, al menos en su estado natural, no tienen, y que el hombre se ve obligado a contrarrestar mediante una constante limpieza especial a fin de no resultar repulsivo; de ahí que esto último solo le esté dado a la clase adinerada y que lleva una vida desahogada, la cual, por esa misma razón, en italiano recibe, con todo acierto, la denominación de *gente pulita* [gente limpia].

Paralipómena, § 92, p. 189 y s.

~Rostro de Hegel~

Quisiera aconsejar a mis sagaces compatriotas que, si en alguna ocasión volviesen a albergar el deseo de cantar durante treinta años como una mente superior a una cabeza del montón, no elijan encima para ello una fisonomía de tabernero, como era la de *Hegel*, en cuyo rostro la naturaleza escribió con la más clara de sus letras su por otra parte tan frecuente inscripción:

«Hombre vulgar».

Paralipómena, § 377, p. 752

~Rostros vulgares~

Preguntémonos qué fisonomías cabe esperar en aquellas personas en cuyo interior, durante toda una vida, muy rara vez ha habido otra cosa que pensamientos viles, bajos y miserables, y deseos vulgares, egoístas, envidiosos, ruines y malvados. Cada uno de ellos ha estado tan largamente presente que ha terminado por dejar su impronta en el rostro. (...) Por esa razón, la mayoría de las personas tienen tal aspecto que al verlas por primera vez nos asustamos, y no podemos acostumbrarnos a sus rostros más que paulatinamente, hasta que llegamos a insensibilizarnos contra esa impresión en tal medida que dejamos de experimentarla.

Paralipómena, § 377, p. 746 y s.

~Rousseau~

En su *Profesión de fe del vicario saboyano*, que no pasa de ser una pedestre filosofía de cura protestante, Rousseau discute todas esas razones [las que Voltaire expone en el prólogo a *El desastre de Lisboa* contra el optimismo] mediante meras declamaciones.

El mundo, II, p. 749

~Ruido~

Si este mundo se hallase poblado por seres realmente pensantes, sería imposible que cualquier tipo de ruido, incluso el más horrible e inútil, estuviese permitido sin restricción alguna.

Paralipómena, § 271, p. 587

~Santificarás las fiestas~

No podemos dejar de mencionar las consecuencias negativas que para la moral tienen la beatería y los embustes clericales. Desmoralizadores han de ser inevitablemente los efectos de que los curas hagan creer al pueblo que la mitad de la virtud consiste en holgazanear el domingo y en berrear en la iglesia, y que uno de los más grandes vicios, y fuente de todos los demás, es el *sabbathbreaking*, esto es, el no holgazanear el domingo. Por eso, cuando se va ahorcar a un pobre diablo, a menudo vemos cómo en los periódicos nos explican que su extenso currículo de pecados tuvo su origen en el *sabbathbreaking*, ese monstruoso vicio.

Ensayo, p. 327

~Satisfacción de nuestros deseos~

«Conseguir algo anhelado» significa darse cuenta de que es vano.

Paralipómena, § 145, p. 337

~Schelling~

Los escritos de Schelling sobre filosofía natural proporcionan ejemplos gloriosos de aserciones fragmentarias, excesivamente cortas, equívocas y paradójicas, que parecen hacer referencia a muchas más cosas que las que realmente dicen.

Paralipómena, § 283, p. 607

~Sensacionalismo periodístico~

La exageración de todo tipo le es al periodismo tan esencial como al arte dramático: de lo que se trata es de agrandar todo lo posible cualquier incidente. Por ello, todos los periodistas son alarmistas de oficio; esa es su manera de hacerse interesantes. Se parecen así a los perros pequeños que se ponen a ladrar a todo lo que se mueve. Esto hay que tenerlo en cuenta para valorar sus trompetas de alarma, a fin de que no le estropeen la digestión a uno. En general, se debe saber que el periódico es un cristal de aumento, y eso incluso únicamente en los mejores casos, pues con frecuencia es un mero conjunto de sombras chinescas proyectadas en la pared.

Paralipómena, § 233, p. 528

~Sermoneadores~

Al igual que un medicamento deja de hacer efecto y no logra su objetivo cuando la dosis es demasiado fuerte, así tampoco lo logran los *sermones y críticas* cuando exceden la medida de la justicia.

Paralipómena, § 238a, p. 535

~Servicio militar de los estudiantes~

Estar matriculado en la universidad debería eximir del servicio militar. (...) Un estudiante tiene demasiado que aprender como para que pueda echar a perder un año, o todavía más tiempo, con el ejercicio de las armas, tan ajeno a su profesión, y ello sin contar con que la instrucción militar mina el respeto que todo indocto, sea quien sea, debe a los doctos, del primero al último de ellos (...). Mediante la tan natural exención del estamento docto del servicio militar no se reducirían los ejércitos, pero sí el número de malos médicos, malos abogados y jueces, maestros ignorantes y charlatanes de toda laya, con tanta más razón cuanto que toda porción de vida de soldado tiene un efecto desmoralizador sobre la futura persona docta.

Paralipómena, § 256, p. 575

~El sexo inferior~

Las mujeres son *sexus sequior* [el sexo inferior, Apuleyo, *Metamorfosis* 7, cap. 8], el sexo segundo e inferior en todos los aspectos, cuya debilidad merece, por tanto, protección, mientras que testimoniarle reverencia es sumamente ridículo y nos rebaja a sus propios ojos. Cuando la naturaleza dividió el género humano en dos mitades, no practicó el corte exactamente por el centro.

Paralipómena, § 369, p. 728

~Sexo sin procreación~

Lo condenable de toda satisfacción sexual *contra naturam* se debe a que en ella se da seguimiento al instinto, esto es, se afirma la voluntad de vivir, pero falta la procreación, que es lo único que abre la puerta a la posibilidad de negar la voluntad. Por esto se explica que solo con la llegada del cristianismo, cuya tendencia es ascética, se reconociese la pederastia como un grave pecado.

Paralipómena, § 167, p. 375

~Sistema educativo~

Cuando se ven las muchas y variadas instituciones dedicadas a la enseñanza, y tan gran aglomeración de alumnos y profesores, se podría creer que el género humano está muy preocupado por el saber y por la verdad. Pero también aquí las apariencias engañan. Los unos enseñan para ganar dinero, y no van en pos de la sabiduría, sino de la apariencia y el prestigio de la misma, y los otros no aprenden para llegar al conocimiento y al saber, sino para poder parlotear y darse pisto.

Paralipómena, § 244, p. 563

~Sistemas filosóficos~

Cada día seguirá amaneciendo con nuevos sistemas filosóficos para uso de las universidades, construidos únicamente con frases y palabras, acompañados de una jerga especializada que permite hablar durante días sin decir nada; placer este que no se verá turbado por el proverbio árabe que dice: «Oigo el ruido del molino, pero no veo la harina».

Naturaleza, p. 327

~Sociabilidad~

Lo que hace sociables a los hombres es su incapacidad para soportar la soledad y, con ella, a sí mismos. Es el hastío y el vacío interior lo que los empuja a buscar compañía y a emprender viajes.

Aforismos, p. 504

~Sócrates~

La sabiduría de Sócrates es un artículo de fe filosófico.

Fragmentos, p. 56

Según Luciano (*Philopseudes* 24), Sócrates tenía una gran barriga, lo que no es precisamente un rasgo distintivo del genio.

Fragmentos, p. 56

~Sociabilidad de la raza negra~

Se ve, en suma, que uno es tanto más sociable cuanto más pobre en inteligencia y vulgar es. En el mundo, uno no tiene más elección que la soledad o la vulgaridad. Los más sociables de todos los hombres son los negros, así como también los menos dotados intelectualmente.

Aforismos, p. 395

~Sonrisa~

Se puede decir sin temor a equivocarse que más de uno debe su éxito en la vida meramente a la circunstancia de que posee una agradable sonrisa, con la que se gana los corazones. Y, sin embargo, los corazones harían mejor en ponerse en guardia y aprender del libro de notas de *Hamlet* I, 5, *that one may smile, and smile, and be a villain* [que uno puede sonreír y sonreír y, sin embargo, ser un canalla].

Paralipómena, § 341, p. 706

~Spinoza y los animales~

Algo muy propio de un judío —y más absurdo y aborrecible todavía que su panteísmo— es su desprecio de los animales, de los que dice que carecen de derechos y que son meros objetos para nuestro uso.

El mundo, II, p. 828

Este obligado optimismo lleva a Spinoza a extraer algunas otras consecuencias falsas, entre las que se llevan la palma las absurdas y a menudo indignantes proposiciones de su filosofía moral, que en el caso del capítulo 16 de su *Tractatus theologico-politicus* llegan hasta la infamia. Por el contrario, cuando la conclusión de su razonamiento es acertada, lo que hace es dejarla a un lado; es lo que sucede, por ejemplo, en sus tan indignas como falsas afirmaciones sobre los animales. (...) La tortura de animales, que, según Colerus, era algo que Spinoza solía practicar con arañas y moscas para divertirse, y que le hacía mucha gracia, encaja muy bien en ese contexto.

Fragmentos, p. 94 y s.

~Spinoza y la filosofía cartesiana~

Las exposiciones de Spinoza, debido a su distanciamiento de los conceptos de la filosofía cartesiana, no solo se han vuelto muy oscuras y han dado lugar a malentendidos, sino que eso las ha hecho incurrir en contrasentidos clamorosos, falsedades manifiestas, contradicciones y absurdos. De este modo, lo mucho que de verdadero y acertado hay en en su filosofía se ve contaminado por una fastidiosa mezcla de cosas absolutamente indigeribles, que empuja al lector una y otra vez del asombro al disgusto y a la inversa.

Bosquejo, p. 21

~La suerte de la fea...~

Como el calor al cuerpo, así es para el espíritu el reconfortante sentimiento de superioridad. (...) Obsérvese la sincera amistad con que una joven medianamente bella acoge a otra muy fea. En el caso de los hombres, las cualidades físicas no se toman tanto en cuenta, si bien uno se siente más cómodo junto a alguien de inferior estatura que junto a otro más alto. En consecuencia, entre los hombres los más buscados y queridos son, por lo general, los tontos e ignorantes, mientras que entre las mujeres, las feas. Cobran fácilmente fama de tener buen corazón, ya que uno necesita un pretexto para justificar ante sí mismo y ante los demás la simpatía que siente por ellos. Por eso mismo, la superioridad intelectual aísla a quien la posee: la gente huye de él y lo odia y, como excusa, le imputa todo tipo de defectos. El mismo efecto tiene en las mujeres la belleza: las jóvenes muy bellas no encuentran amigas ni ninguna mujer que quiera acompañarlas.

Aforismos, p. 550 y s.

~Tedio y religiosidad~

Por más que las grandes y pequeñas calamidades están continuamente presentes en la vida de los hombres, manteniéndolos en constante intranquilidad y agitación, no consiguen, sin embargo, ocultar el vacío de la existencia y la insuficiencia de la vida para colmar el espíritu, ni sirven tampoco para escapar del tedio, siempre presto a ocupar cada momento de descanso que las preocupaciones dejen libre. A ello se debe que el espíritu humano, no contento con las penas, aflicciones y trabajos que el mundo real le proporciona, se construya además un mundo imaginario, hecho de cientos de supersticiones diferentes, y se entregue a él, dedicándole todo su tiempo y sus fuerzas tan pronto como el mundo real le concede un instante de esa paz que no es capaz de soportar.

El mundo, I, p. 443

~Teísmo y egoísmo~

Apoyar la moral en el teísmo significa reducirla a egoísmo, por más que los ingleses, al igual que entre nosotros las clases más bajas de la sociedad, no vean posible ninguna otra forma de fundamentarla.

Paralipómena, § 115, p. 260

~Teísmo y moral~

Toda moral que no tenga otra base que la voluntad de Dios se halla en una situación lamentable, pues en ella, con la misma rapidez con la que se invierten los polos de un electroimán, lo malo puede convertirse en bueno y lo bueno en malo.

Paralipómena, § 229, p. 522

~La Tierra~

Basta representarse —en la medida, solo aproximativa, en que ello es posible— la suma de menesterosidad, dolor y sufrimiento de todo tipo que el Sol alumbra en su curso, para conceder que sería mucho mejor que el fenómeno de la vida se hubiese producido en la Tierra tan poco como en la Luna, y que, al igual que en esta, también en aquella la superficie se encontrase aún en estado cristalino.

Paralipómena, § 156, p. 352

Es para volverse loco cuando se contemplan (...) las innumerables estrellas fijas que arden en el espacio infinito sin que tengan otra cosa que hacer que iluminar mundos que son el escenario de la menesterosidad y la desgracia, y que, en el mejor de los casos, no arrojan otro resultado que el aburrimiento. Así es al menos a juzgar por la muestra que conocemos.

Paralipómena, § 156, p. 353

Los que traducen citas en lenguas clásicas

Una vileza muy censurable, que cada día asoma la cabeza con más atrevimiento, es que en libros científicos y en revistas eruditas, editadas incluso por academias, aparezcan citas de autores griegos, e incluso latinos (*pro pudor*! [¡qué desvergüenza!]), traducidas al alemán[16]. ¡Qué asco! ¿Es que escribís para zapateros y sastres? Creo que ya sé por qué lo hacéis: para aumentar las ventas. Entonces me vais a tener que permitir que os diga con mucho respeto que sois, en toda la extensión de la palabra, viles tipejos. Tened un poco más de vergüenza, aunque os cueste algo de dinero, y haced que los indoctos noten su inferioridad, en vez de hacer reverencias a sus bolsas.

Paralipómena, § 255, p. 573

~Traductores~

Entre ellos [entre quienes hacen retroceder las ciencias] se cuentan también los traductores que corrigen y retocan al autor, cosa que siempre me ha parecido de lo más impertinente. ¡Escribe tú mismo libros que sean dignos de traducirse, y deja las obras de otros como están!

Paralipómena, § 273, p. 593

Toda traducción es o bien mortecina, y su estilo forzado, rígido y poco natural, o bien libre, es decir, se conforma con un à *peu pres* [con un cierto parecido], y por tanto es incorrecta. Una biblioteca de traducciones se parece a una pinacoteca de copias. Y sobre todo las traducciones de obras de la Antigüedad son, en comparación con ellas, un mero sucedáneo, como la achicoria lo es del café.

Paralipómena, § 299, p. 667

---

[16] Al igual que le sucedió al editor alemán, tampoco en nuestro caso ha sido esto obstáculo para que a las citas clásicas añadamos su traducción al castellano. (*Nota de los traductores.*)

~Traductores de poesía~

Por su naturaleza propia la poesía es intraducible. Pues en ella las ideas y las palabras se hallan tan íntimamente interpenetradas como la *pars uterina* y la *pars fetalis placentae*. (...) No en vano todo metro y toda rima son un compromiso entre el pensamiento y el lenguaje al que solo se puede llegar en el suelo nativo del pensamiento, y no en otro terreno al que se quisiese trasplantarlo, ¡y menos que en ningún otro en un suelo tan poco fértil como son habitualmente las cabezas de los traductores!

Paralipómena, § 183, p. 467

¿Qué puede haber más opuesto a la libre efusión de un poeta, que ya de suyo e instintivamente comparece vestida con el metro y la rima, que la tortura minuciosa, calculadora y fría a que se somete el traductor contando sílabas y buscando rimas?

Paralipómena, § 183, p. 467

~Trato social~

Con la mayoría de las personas solo se debe hablar de negocios, y nunca de alguna otra cosa distinta. El trato social con el vulgo es degradación; equivale, en el sentido estricto de la palabra, a hacerse vulgar uno mismo. Sus conversaciones son, según las define Giordano Bruno (al final de la Cena delle ceneri), *vili, ignobili, barbare ed indegne* [viles, innobles, bárbaras e indignas].

Paralipómena, § 50, p. 87

~Tribunal de la posteridad~

Que poco cabe esperar de esta especie bípeda se aprecia en que hace falta la duración de varias vidas humanas, e incluso siglos enteros, para que de los cientos de millones de individuos que la integran salga un puñado de cabezas que sean capaces de distinguir lo bueno de lo malo, lo auténtico de lo inauténtico y el oro del cobre, y que por tanto puedan desempeñar la función de jueces de la posteridad.

Paralipómena, § 242, p. 553

~Turismo~

El nomadismo, que representa el grado inferior de la civilización, se adapta a los tiempos y reaparece en el turismo, ahora muy generalizado. El primero tuvo su origen en la necesidad, el último en el aburrimiento.

Aforismos, p. 393

~Tutoras~

Que una madre pueda ser designada tutora y administradora de la herencia paterna de sus hijos, me parece una imperdonable y peligrosa necedad. En la mayor parte de los casos, esa mujer dilapidará con su amante, con entera independencia de que se case con él o no, lo adquirido por el padre de los hijos durante toda una vida de trabajo y con la mirada puesta en ellos.

Paralipómena, § 131, p. 308

~Utilidad de la religión~

La religión tiene dos caras. Por más que vista del lado teórico, esto es, intelectual, su existencia no sea legítima, desde el punto de vista moral se nos muestra como el único medio de dirigir, domeñar y amansar a esta raza de animales dotados de razón, cuyo parentesco con el mono no excluye el que guarda con el tigre.

Paralipómena, § 174, p. 402

~Vacuidad de la existencia~

El hecho de que, tras la *necesidad*, de inmediato llega el *aburrimiento*, el cual, además de al hombre, ataca también a los animales superiores, es consecuencia de que la vida carece de *verdadero contenido*, y de que se mantiene en *movimiento* solo por obra de las necesidades y de la ilusión: tan pronto ese movimiento se detiene, la entera desolación y vacuidad de la existencia queda al descubierto.

Paralipómena, § 146, p. 338

~Vacunación~

Hasta hace cuarenta años, la viruela se llevaba dos quintas partes de los niños, a saber, todos los débiles, y dejaba con vida solamente a los más fuertes, a los que habían superado esa prueba de fuego. La vacuna ha tomado a los primeros bajo su protección. Ved ahora esos enanos de luengas barbas [los escritores e intelectuales contemporáneos de Schopenhauer] que se os meten por todas partes entre las piernas: ya sus padres quedaron con vida por gracia de la vacuna.

Paralipómena, § 283, p. 636

~Vejez~

Todos deseamos llegar a una edad avanzada, es decir, a un estado en el que diremos: «Hoy me encuentro mal, y cada día me encontraré peor, hasta que venga lo peor de todo».

Paralipómena, § 155, p. 352

~Verdad y falsedad de la religión~

Mientras subsista, la religión siempre tendrá dos rostros: uno de la verdad y otro del engaño. Según nos fijemos en uno o en el otro, la amaremos o seremos sus enemigos. Por ello hay que considerarla como un mal necesario, cuya necesidad descansa en la lamentable debilidad intelectual de la gran mayoría de los hombres, incapaces como son de captar la verdad, y que, por ello, para los casos urgentes precisan un sucedáneo de la misma.

Paralipómena, § 174, p. 398

~Esta vida~

Al *demiurgo* yo le diría: «¿Por qué, en vez de crear incesantemente nuevos hombres de modo poco menos que milagroso y de aniquilar a los que ya viven, no te contentas de una vez por todas con los que ya hay y les permites continuar existiendo por toda la eternidad?».

Probablemente respondería: «Ellos mismos siempre están queriendo hacer nuevos hombres, por lo que tengo que hacerles sitio. ¡Si no fuese por esto...! Aunque, dicho sea entre nosotros, un género humano que siguiese viviendo siempre y haciendo las mismas cosas que ahora, sin otra finalidad que existir así, sería objetivamente ridículo y subjetivamente aburrido, mucho más de lo que puedes llegar a figurarte. ¡Intenta imaginarlo!».

Paralipómena, § 140, p. 329

~Vida y aburrimiento~

La vida se nos presenta en primer término como una tarea, a saber, la de conservarla, *de gagner sa vie* [ganarse la vida]. Mas, una vez resuelta, lo que se obtiene es una carga, y aparece la segunda tarea, disponer de ella a fin de evitar el aburrimiento, que, cual ave rapaz, siempre está al acecho, presto a caer sobre toda vida segura. De este modo, la primera tarea consiste en conseguir algo; la segunda, en hacer que lo conseguido no se deje sentir, pues de lo contrario resulta una carga.

Paralipómena, § 146, p. 338

~La vida como agitación~

Nuestra existencia no tiene otra base y suelo en que apoyarse que el fugaz presente. Por eso toma la forma, esencial a ella, del constante *movimiento*, no dando así posibilidad alguna a la tranquilidad que siempre ansiamos. Se asemeja a la marcha de quien va corriendo por una ladera cuesta abajo: si quisiera pararse, se caería, y solo si continúa corriendo puede mantenerse en pie —al igual que balanceamos una varilla a fin de sostenerla sobre la punta de un dedo—; se asemeja también al planeta que caería sobre su sol tan pronto cesara su presurosa marcha hacia delante. Así pues, la existencia transcurre bajo el signo del desasosiego.

Paralipómena, § 144, p. 335

~Vida y culpa~

La vida es la expiación de la culpa contraída con el nacimiento.

Paralipómena, § 156, p. 358

~Vida eterna~

Si reprochásemos al *espíritu del mundo* el hecho de que, tras una corta existencia, *aniquila* a los individuos, él nos respondería: «¡Mirad a estos individuos, mirad sus errores, ridiculeces, maldades y todo lo que hay en ellos de repulsivo! ¡¿A semejantes seres queréis que los haga existir por siempre?!».

Paralipómena, § 140, p. 329

~Vida humana~

La vida es un negocio cuyos ingresos no alcanzan, ni de lejos, a cubrir los gastos.

El mundo, II, p. 457

Bien puede decirse que nuestra vida es un episodio que viene a perturbar inútilmente la sagrada paz de la nada.

Paralipómena, § 156, p. 352

La vida no es en modo alguno un regalo para nuestro disfrute, sino que más bien se asemeja a una penosa tarea que hay que realizar.

El mundo, I, p. 462

~La vida humana como tragedia~

Cada *vida humana*, considerada en su conjunto, presenta los rasgos de una tragedia. Vemos que la vida, por lo general, no es más que una serie de esperanzas defraudadas, proyectos frustrados y errores advertidos cuando es ya demasiado tarde.

Paralipómena, § 172a, p. 379

~La vida humana como tragicomedia~

Las efímeras generaciones de los hombres surgen y desaparecen en veloz sucesión, mientras que los individuos van danzando hacia la muerte entre angustias, necesidades y dolores. Incesantemente se preguntan qué será de ellos y qué significa toda esa farsa tragicómica, e invocan al cielo pidiendo respuesta. Pero el cielo permanece mudo.

Paralipómena, § 176, p. 426

~Vida moderna~

En lo grande y en lo pequeño no vemos más que necesidad, fatigas sin descanso, agitación constante, luchas inacabables, multitud de actividades que exigen un extraordinario esfuerzo físico y mental. Millones de personas, reunidas en pueblos enteros, aspiran al bien común como medio para obtener el suyo propio, pero miles son sacrificados en ese empeño. Absurdos delirios o sutiles razones políticas los empujan a la guerra, haciendo correr ríos de sudor y sangre para llevar a cabo sus propósitos o expiar sus culpas. En tiempos de paz hay industria y comercio, hay inventos que logran milagros, barcos que cruzan los mares, reúnen manjares de todos los confines del mundo, pero las olas se tragan a los hombres por miles. Con las ideas de unos y la actividad de otros todo va avanzando en medio de un alboroto indescriptible.

Pero ¿cuál es el fin último de todo esto? Mantener en vida durante un corto espacio de tiempo a efímeros y atormentados individuos, en el mejor de los casos entre carencias soportables y una relativa ausencia de dolor a la que, por otra parte, siempre acecha el tedio.

El mundo, I, p. 462

~Vivir sin pensar~

Aunque no sean claramente conscientes de ello, la mayor parte de los hombres tienen en el fondo de sus corazones, como máxima y criterio supremos de su conducta, el propósito de *pensar lo menos posible*, ya que para ellos pensar es una carga y una molestia. Por tanto, piensan solo lo estrictamente necesario para sus negocios y oficios, y aparte de eso únicamente lo que exigen sus distintos pasatiempos, tanto conversaciones como juegos, que además tienen que ser tales que se puedan afrontar con la mínima cantidad posible de pensamiento.

Paralipómena, § 50, p. 83

~Voluntad y vulgaridad~

Toda manifestación enérgica de la voluntad es vulgar, es decir, nos degrada al nivel de un mero ejemplo y ejemplar de la especie. (...) Por ello son vulgares toda cólera, toda alegría desbocada, todo odio y todo miedo; en suma, toda emoción, todo movimiento de la voluntad que llegue a ser tan fuerte que en la conciencia predomine claramente sobre el conocimiento y que haga aparecer al hombre más como un ser volitivo que como un ser cognoscitivo. Cuando se entrega a una emoción como esas, el mayor genio en nada se diferencia del más vulgar hijo de la tierra. (...) Por todo ello, debemos esconder nuestra voluntad igual que hacemos con nuestros órganos genitales, por más que los dos sean la raíz de nuestro ser.

Paralipómena, § 336, p. 702

~Vulgaridad~

La voluntad sin conocimiento es lo más bajo y corriente que existe: cualquier tarugo de madera la posee, y da muestra de ello al menos cuando cae. De ahí que en eso consista la vulgaridad. En ese estado permanecen despiertos únicamente los órganos de los sentidos y la escasa actividad del entendimiento que se requiere para la aprehensión de sus datos. En consecuencia, el hombre vulgar permanece constantemente alerta a todas las impresiones, a todo lo que sucede a su alrededor, de tal modo que el sonido más leve y cualquier acontecimiento insignificante atraen de inmediato su atención, al igual que les sucede a los animales. Dicho estado se hace visible en su rostro y en toda su figura. Es lo que da lugar al aspecto vulgar, que es tanto más repulsivo cuanto más vil, egoísta y, en general, mala, es la voluntad que en esos casos ocupa por completo la conciencia.

Aforismos, p. 403

Otros títulos
de la colección

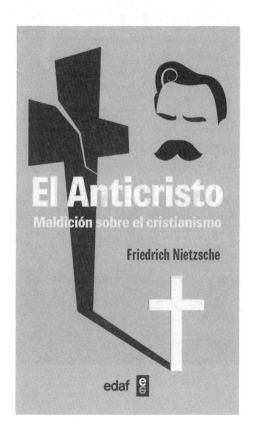

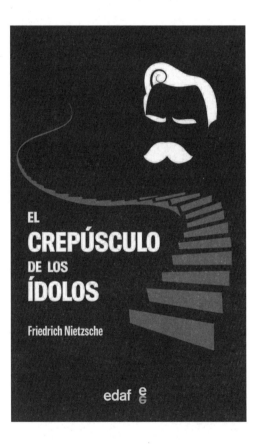

EL
CREPÚSCULO
DE LOS
ÍDOLOS

Friedrich Nietzsche

edaf

LA GENEALOGÍA DE LA MORAL

Friedrich Nietzsche

edaf